확장
New Definition

2018. 6. 20~24

Seoul International
Book Fair 2018

서울국제도서전

ARCHITECTURE

어라운드 사옥에서 지낸 지도 이제 1년이 되어 간다. 이 건물을 짓기 전에는 신축보다는 기존의 건물을 리모델링 하고 싶었다. 지금보다 공간도 더 넓은 곳이길 바랐고, 도심 속에서도 녹을 많이 볼 수 있는 동네였으면 했다. 모든 바람은 그대로 현실이 되진 못했지만, 좁은 땅에서 적당한 타협으로 건물이 완공됐다. 어떤 건물을 지을지 몇 달간 고민하던 때 문득 그런 생각이 들었다. 내가 다닌 길과 카페, 상점은 분명히 기억나는데 그 건물이 어찌 생겼는지 도통 떠오르지 않는 것이다. 미술관이나 공원에 있는 건물의 모양새는 선명한데, 도시 골목길에 있는 건물 전체의 모양은 잘 기억나지 않는다. 왜 그런 걸까 생각해보면 답은 조화에 있었다. 요즘은 건물을 통으로 사용하지 않는 이상 1층 상권은 그 건물의 모양새와 상관없이 인테리어 하는 경우가 많다. 그러다 보니 건물은 눈에 들어오지 않고, 패션처럼 유행하는 새로운 옷 정도로 1층이 비춰진 것이다. 지금 우리 건물의 1층은 숨은 공간이라 할 정도로 사람들이 입구를 찾아 헤맨다. 외부에서도 내부가 거의 보이지 않는다. 전체와 부분을 따지다 우리는 전체를 선택했기 때문이다. 결국 건물의 외형보다는 창의 크기나 위치에 가장 신경 썼다. 일반적으로 사면이 벽면인 사각형 건물과 달리 우리 사옥은 벽이 삼면으로 구성된 삼각형 구조다. 창도 빼고, 빈 벽도 남겨두어야 했다. 아무것도 없었던 빈 땅일 때부터 공사를 하고 완공이 되어 1년쯤 살아보고 나니, 우리에게 필요한 것이 무엇인지 정확히 알 수 있게 되었다. 아직도 여전히 건축에 대해 잘 알지 못하지만, 내가 원하는 도시의 건물은 그렇다. 모두 똑같을 수도 없고, 그렇다고 서로 앞다퉈 개성을 살리려고 해서도 안 된다. 건물보다는 그 안의 내용을 채우는 일에도 신경을 써야 한다. 어떻게 살 것인가, 무엇을 바꾸고 무엇을 계속 가지고 갈 것인가. 건축에 대해 조금이라도 안다면 이런 문제에 대한 답을 얻을 수도 있을 것이다. 대부분을 도시에서 사는 우리는 도시의 자연, 건축물에 관심을 기울여야 한다. 우리 삶의 일부이고, 자연과 더불어 공존해야 하는 건축물에 조금 더 가까이 다가가 보았다.

편집장 **김이경**

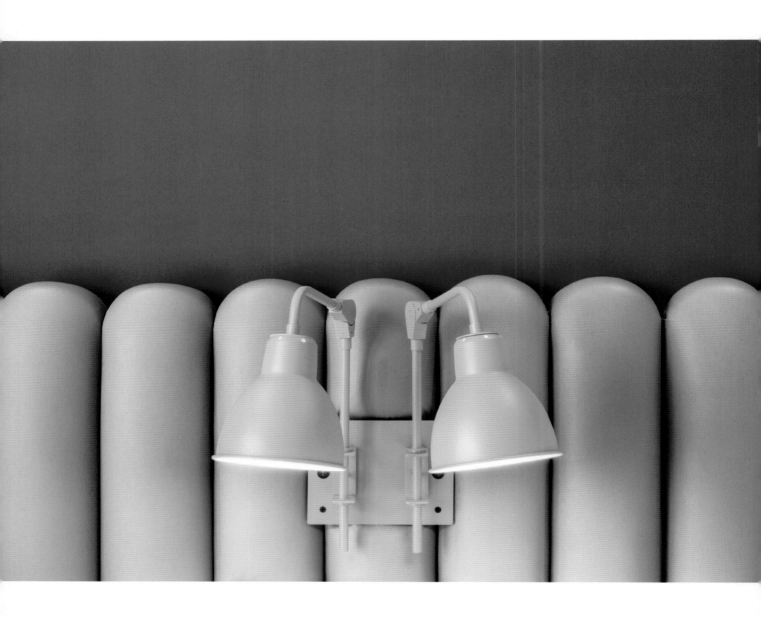

포토그래퍼 최용준 에디터 김혜림

RYSE HOTEL ✕ AROUND

우리는 여행을 통해 낯선 도시에서 영감을 수집한다. 나뭇잎의 초록색, 사과의 붉은색, 교회의 직선, 다리의 곡선 등.
가장 가깝고도 낯선 공간인 호텔에서 영감의 요소를 찾았다. 라이즈 호텔은 영감을 불어넣는 장면들로 가득하다.

홍대에 위치한 라이즈 호텔은 세계 각지의 아티스트, 브랜드와의 협업으로 창조적 영감을 제공한다.

음악하듯
건축하기

건축가 **양진석**

미스 반 데어 로에, 르 코르뷔지에, 프랭크 로이드 라이트를 아시는
가? 그렇다면 당신은 아마도 건축과 관련된 사람일 가능성이 높다.
하지만 한국에서 가장 친숙한 건축가를 꼽으라면 단연 이 사람을 떠
올릴 것이다. 〈러브하우스〉의 그 남자, 자유로운 건축가 양진석이다.

에디터 **김건태** 포토그래퍼 **Hae Ran** 장소 협조 **설해원 골든비치**

"건축에는 '원리'와 '기술'이 담겨 있어요. 원리는 곧 인문학이라는 뜻이고요.
결국에는 사람의 예술이라는 거죠."

건축가님을 처음 접한 건 2001년에 방영한 〈러브하우스〉라는 프로그램을 통해서였어요. 예능에서 건축가가 전면에 드러난 것도 아마 그때가 처음이 아닐까 싶어요.
〈러브하우스〉는 사회 소외계층, 그러니까 주거 환경이 열악한 분들을 위해서 방송이 공익성을 갖고 집을 지어주는 프로그램으로, 제가 설계와 디자인을 맡았어요. 아주 오래된 얘기지만 아직도 많은 분들이 기억해줄 정도로 인상적인 프로그램이었어요.

20년 가까이 지났는데 여전히 회자되는 걸 보면 당시 인기를 짐작할 만한데요. 이후로도 유사한 포맷의 프로그램들이 있었고, 최근에는 〈내 집이 나타났다〉에도 출연하셨죠?
〈러브하우스〉 당시의 연출팀이 맡은 프로그램이었어요. 철거부터 신축까지 스케일이 더 커졌죠. 방송 보셨어요?

그럼요. 모든 회차를 다 봤어요. 두 프로그램의 공통점은 그 안에 '사람'과 '사연(이야기)'이 있다는 거였어요. 잘은 모르지만 아마 그 두 가지 키워드가 건축에 중요한 요소가 아닌가 싶어요.
정확하게 보셨어요. 건축이 다른 예술 장르와 다른 점은 그 안에 사람이 존재한다는 거예요. 건축Architecture의 어원을 보면 '원리'와 '기술'이 담겨 있어요. 원리는 곧 인문학이라는 뜻이고요. 결국에는 사람의 예술이라는 거죠. 단순 기술로만 볼 수도 없고, 순수 인문학으로만 볼 수도 없어요. 사람을 중심으로 한 응용예술, 응용과학으로 생각하시면 될 것 같아요.

본격적인 건축 이야기는 조금 뒤에 더 하고요. 방송에서 별명이 '양파고'였어요. 양진석과 알파고의 합성어였죠.
이경규 씨가 지어준 걸로 기억해요. 방송 당시 어려운 요구가 많았거든요. 건축가는 직업 특성상 어떤 요구가 있으면 거기에 맞는 솔루션을 제공하고 고객을 설득해야 해요. 오랜 회의 끝에 결국에는 연출팀을 설득하죠. 그

래서 붙은 별명 같아요.

방송을 보니 과한 요구가 많기는 하더라고요.
엄청 많죠. 게스트들이 막 던지니까(웃음). 그게 건축가의 업보죠.

협소주택의 도면을 그릴 때 블록 게임에서 아이디어를 얻던 장면이 기억에 남아요. 주로 어디에서 영감을 얻나요?
너무나 다양한 것에서 영감을 받아요. 영화를 자주 보는 편이고요. 책도 많이 읽는 편이에요. 가만히 앉아서 바깥을 쳐다볼 때도 있어요. 상상의 날개를 달고 혼자 여행을 다니는 거죠.

영화라면 주로 어떤 장르를 즐기나요?
공상과학 영화를 보기도 하고, 전 세계 다양한 도시를 다니는 영화도 좋아해요. 시각적으로 자극을 주는 영화를 많이 보죠. 책은 더할 나위 없이 좋은 재료이고요.

텍스트가 이미지화되어 나오기까지 어떤 과정을 거치는지도 궁금해요.
저한테 들어온 자극들은 상상을 통해 스케치가 되어 나와요. 저는 늘 작은 노트를 가지고 다녀요. 필요할 때마다 꺼내 스케치를 하죠. 여기 보시면 안에 살짝 비밀이 있어요. 제 딸이 그린 그림인데요. 제가 일할 때 옆에서 자기도 그리고 싶은 걸 그린 거예요. 아빠가 호빵맨이래요.

기분이 좋아지는 노트네요.
오늘 저를 만나러 여기까지 와주셨으니까 제가 스케치를 하나 선물할게요. 오늘 우리가 있던 건물과 장면이에요.

고맙습니다. 잘 간직할게요.
별말씀을요.

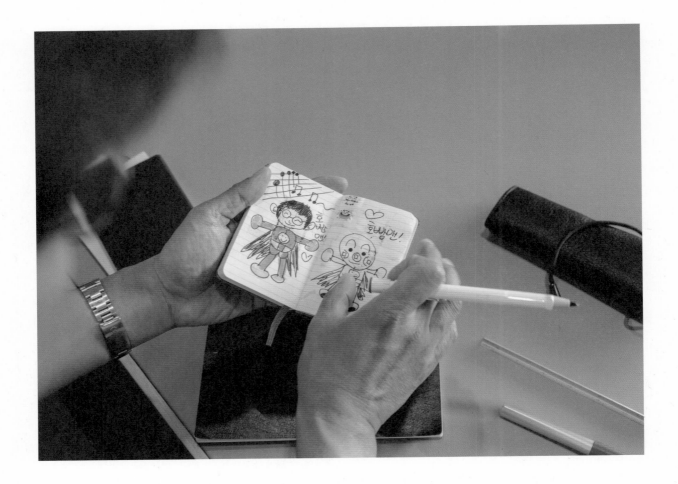

예전에 쓰신 글을 보니 르 코르뷔지에 이야기를 많이 하시더라고요.
근대 건축의 거장이기도 하고, 제가 많은 영향을 받았어요. 그가 죽음을 맞이한 4평짜리 별장에 대해서 글을 쓰기도 했고요. 르 코르뷔지에가 말한 건축의 5원칙이 지금 보면 너무 당연한 건데 당시에는 거의 발명 수준이었죠.

보통 건축가라고 하면 설계만 하는 직업이라고 생각했는데, 인테리어뿐 아니라 기타 다양한 요소까지 신경 쓰는 것 같아요. 실제 건축가의 영역은 어디까지인가요?
가장 기본적인 건축가의 역할이라고 한다면 건축을 위한 디자인과 도면을 제공하는 것이겠죠. 모든 건축가가 그런 건 아니지만 저는 토탈 디자인을 추구해요. 건축에 관련한 세세한 것 하나하나까지 신경 써야 한다고 생각하는 쪽이에요. 결국 건축이나 실내 인테리어도 동일한 선상에 있다고 보거든요.

대표로 계신 와이그룹을 이야기해주시면 이해가 빠를 것 같아요.
일반적인 건축사무소와는 조금 결이 다르죠. 기본적인 건축설계 사무소의 기능을 하되, 건축부터 인테리어, 가구, 토탈 디자인을 추구하려고 애를 많이 쓰는 편이라서 건축가와 인테리어 디자이너들이 함께 일을 하고요. 또 한쪽에서는 개발 아이디어를 도출하는 컨설팅 파트를 두고 있어서 특이점이 있죠. 컨설팅이라고 하면 무엇을 지어야 할지부터 어떻게 활용하고 디자인할지까지 건축을 기본으로 하는 모든 솔루션을 제공하는 일을 말해요.

사실 건축은 꽤나 전문적인 분야라는 생각 때문에 접근이 마냥 쉽지는 않아요.
그럴수록 건축을 더 이야기해야 해요. 우리가 도시를 살며 건축 없는 풍경은 상상할 수 없잖아요. 우리 주변의 건축을 알고 보는 것과 모르고 보는 건 하늘과 땅 차이죠. 외국에서는 건축이 기본 교양 상식으로 다뤄져요. 모든 사람들이 도시의 새로운 건축을 화두에 올려서 이야기하고 관심을 표명하죠.

새로 개봉한 영화를 이야기하듯 말이죠?
그렇죠. 건축은 모든 예술의 기본이라고 이야기하곤 해요. 영화감독, 작가, 미술가, 모두 건축에서 영감을 받았다는 경우도 많고요. 쭉 공부하다 보면 건축이 왜 중요한지를 느끼게 되고, 더 나가서 무엇이 좋은 건축이고 안 좋은 건축인지 판단할 수 있게 된다는 거죠.

저는 개인적으로 이화여대 안의 ECC(Ewha Campus Complex)를 좋아해요. 일종의 영감을 주거든요. 하지만 나쁜 건축이 무엇인지 묻는다면 아직 잘 모르겠어요.
ECC는 프랑스 건축가 도미니크 페로가 설계했는데, 이대 캠퍼스 경관에 영향을 끼치지 않으면서도 방문객에게 새로운 공간적 경험을 선사하는 좋은 건축이죠. 나쁜 건축이라는 건 쉽게 말해 눈살을 찌푸릴 수밖에 없는, 가령 너무 장식을 많이 했다거나 도시 경관을 해치는 건축을 말하는데요. 딱히 하나의 요소만으로는 규정하기 애매한 부분이 있겠네요.

동대문에 DDP(Dongdaemoon Design Plaza)가 처음 생겼을 때, 그리고 서울시청 신청사의 경우 주변 경관과 어울리지 않는다는 논란이 있었어요. 그것도 나쁜 건축으로 볼 수 있을까요?

사실 어울리지 않는다는 논쟁 자체는 아주 위험해요. 주변이 뭐지? 주변과 어울리려면 어때야 하지? 고민해보자면 사실 어울림은 위험한 논쟁이죠. 제가 고등학생 때 칼라가 없는 라운드 티셔츠를 입었다고 맞은 적도 있어요. 어떻게 옷이 칼라가 없을 수 있어? 하고요. 남자가 귀걸이를 하거나 염색을 하면 예전에는 주변과 어울리지 않는다고 혼났잖아요. 건축도 똑같아요. 주변과 다르다고 모두 나쁜 건축은 아니에요. 이걸 형태적으로만 봐서는 안 되는 거죠. 파리의 퐁피두센터를 보면 아시겠지만 주변 경관과 결코 어울린다고 보기는 힘들어요. 당시에는 정말 파격적인 건물이었거든요. 초등학생과 피카소의 그림을 단순히 그림체만 놓고 판단할 수 없듯, 건축 역시 철학적, 인문학적 관점에서 종합적으로 봐야 해요. 공간적 개념과 맥락을 이해한다면 형태에만 집착하지는 않을 거라고 봐요.

건축가로서 자신의 대표작, 그러니까 '좋은 건축'을 이야기해주세요.

단연코 지금 계신 양양의 설해원을 첫손에 꼽을 것 같고요. 용평의 더 포레스트 레지던스도 완성도 높은 고급 별장으로 인정받은 작품이에요. 종로 그랑서울의 청진상점가는 디자인뿐 아니라 총책임자로 식당 선정부터 전체 디자인 조율까지 맡은, 와이그룹의 모든 업무를 총괄적으로 보여주는 작업이었죠. 그 외에도 넵스 사옥과 디사모빌리 사옥, 제이에스코퍼레이션 사옥까지 최근에 작업한 사옥 삼총사 시리즈도 대표작으로 꼽고 싶네

요. 지금 말한 작품들은 사용자의 반응이 특히 좋았어요. 그들의 만족도가 높으면 건축가로서 기분이 좋죠.

사용자의 만족이 곧 건축가의 만족인 거네요.

사업주도 좋아해야 하고 사용자도 좋아해야 해요. 둘 모두의 만족도가 높은 건축을 했을 때 가장 보람 있고요. 제이에스코퍼레이션은 사용자가 직원이잖아요. 거기를 골조만 남기고 리모델링했는데, 건물의 가운데 네 개 층을 오픈 스페이스로 개방했어요. 그러자 모두 계단으로만 다니세요. 만족도가 높은 거죠. 사업주의 만족, 사용자의 만족, 건축가 저 자신도 만족하는 작품이 아니었나 싶어요.

클라이언트의 요구를 우선하겠지만, 그래도 건축가로서 고집하는 부분이 있나요?

명동성당에 가면 높은 층고 특유의 성스러운 분위기가 있잖아요. 절에 가면 편안함 속에서 나오는 공간적 경험이 따라오고요. 저는 이곳 설해원의 계단처럼 공간에 들어서자마자 눈에 띄는 곳을 만들어요. 건축이라는 건 인상에 남아야 하고, 어떤 방향이든 방문자에게 영감을 줘야 한다고 생각하거든요.

건축가로서 일관적으로 드러내는 장치가 있나요? 가령 안도 다다오의 노출 콘크리트는 그의 시그니처가 됐잖아요.

그건 아마 건축가 저마다의 특징일 것 같은데, 저는 소재를 동일하게 쓰지

는 않아요. 용도마다 소재를 다르게 하지만, 한 가지 제 기준이라면 일상에서 자주 발견할 수 없는 공간적 경험을 우선시해요. 어떤 때는 계단이 될 수도 있고, 편백나무를 사용한 공간이 될 수도 있고, 건물 외관이 중첩되면서 새로운 느낌을 줄 수도 있고요.

건축에도 흐름이나 유행이 있을 것 같은데, 지금 현재 이곳의 건축은 어떤 모습인가요?
최근 건축의 중요한 흐름 중 하나는 컴퓨터 기술 발전에 따른 설계 방식의 변화예요. 3D 방식으로 다양한 형태의 건축 디자인이 가능해졌어요. 동대문의 DDP를 생각하면 될 것 같아요. 그리고 또 하나, 지속가능한 건축이 계속 시도되고 있어요. 유지와 관리가 용이하고 지구 환경에 영향을 덜 주는 건축이죠. 아직은 검증이 필요한 일이에요.

일반인의 경우라면 자신의 생활권 안에서 건축을 가장 먼저 떠올릴 것 같아요.
카페를 생각하면 쉬울 것 같아요. 사람들은 평소와 다른 이색적인 경험을 위해 카페에 가는 거 아닐까요.

요즘에는 이색적인 공간이 너무 많아졌죠. 사실 조금 비슷한 모습이 많아서 오히려 특색 없다는 느낌을 받기도 해요.
그래서 제가 항상 주장하는 게 있어요. 공간을 만들 때 영화 세트장을 만들면 안 돼요. 가로수길, 삼청동, 서촌같이 사람 많은 길에 가면 영화에서 많이 본 듯한 공간을 구현해놓은 곳이 있어요. 처음에는 예뻐서 한두 번 가보지만, 그거 금방 싫증 나요. 거짓말 공간이잖아요. 어떤 '스타일'이라고 이름 붙인 공간, 건축가로서 아주 경계해야 해요. 시간이 지날수록 낡아가는 건축이 아니라 점점 더 멋있어지는 건축을 만들어야죠.

그럼 스타일의 반대말은 뭘까요?
어디선가 본 듯한 건축, 어떤 하나의 형태, 과거 건물의 형태, 아니면 현재 어디선가 존재하는 도시적 공간의 형태를 갖고 와서 연출하면 그게 스타일인 거고요. 어디서도 보지 못한 창의적인 걸 했을 때 기억에 깊게 남겠죠.

하지만 아무것도 없는 데서 새로운 게 나타날 수는 없을 테고요.
그래서 건축가가 존재하는 거겠죠. 이렇게 설명해볼게요. 한때 공장이던 곳을 개조해서 카페로 바꾸면 특별해 보이잖아요. 용도를 바꿨을 때 느껴지는 의외의 감동이 있죠. 그건 그 공장이 가진 시간성, 그러니까 오랜 시간을 머금은 공간에 가면 저절로 떠오르는 감정이 아닐까 싶어요.

건축 설계가 일종의 창작이잖아요. 25년 경력의 기성 건축가로서 그 흐름에 도태되지 않기 위해 어떤 노력을 하나요?
일단 경험을 무시할 수 없는 것 같아요. 그동안 겪어온 수많은 프로젝트를 통한 시행착오나 경험이 중요하겠죠. 건축가는 자기 설계가 많아지면 자

연스럽게 농익은 건축이 또 나오게 돼요. 젊은 건축가들이 새롭고 신선한 설계를 할 수는 있겠지만 농익는다는 건 그 깊이, 눈에 보이지 않는 것을 말하는 거니까요.

시행착오라고 한다면 실패한 건축도 있나요?
너무 많죠. 저 자신에게 만족을 못 하기 때문에 늘 부족함을 느껴요. 다만 경험을 통해서 실수의 확률을 줄여나가는 거겠죠.

건축 이외에도 다양한 이력이 있으시잖아요. 저술가이자 교수, 5집 앨범을 낸 뮤지션, 음악 프로듀서, 방송 출연과 영화배우 이력까지. 이유가 뭔가요 (웃음)?
일단 저는 호기심이 아주 많은 사람이에요. 하지만 제가 특별히 다양한 분야를 하고 있다고 생각하지는 않아요. 연극, 연기, 음악 모두 건축과 똑같은 선에 있다고 보거든요. 계속 쌓아가야 하고, 제 이야기를 하면서 그 안에서 균형을 잃지 말아야 하고요.

사실 한 번에 하나를 성취하기도 쉬운 일은 아니잖아요?
너무 많은 일에 정신이 분산되어 있는 거 아니냐고, 많이들 오해하시는데요. 그런데 전 그만큼 안 하는 것도 많아요. 일반적으로 그냥 노는 것, 쉬고, 당구 치고, 술 마시고, 멍 때리고, 텔레비전 보고, 그냥 노는 걸 안 해요. 그렇다고 각박하게 일만 하는 게 아니라 놀 듯이 일해요. 주말에 일하러 현장에 가는 것도 즐기고요. 새로운 무언가를 찾으러 갈 때도 가족과 함께 가요. 시간이 많아요. 잠도 푹 잔다니까요(웃음).

이른바 성공한 사람들의 에세이를 보면 천재라고 불리는 사람들이 '나는 놀면서 공부한다'고 흔히들 말하잖아요. 그때 그 주인공이 여기 있었네요.
저는 건축을 일이라고 생각하지 않아요. 남들이 누워서 야구 보고 즐기듯 저는 스케치하고 디테일 그리고, 곡 만들고 가사 쓰는 게 똑같이 재미있어요. 남들보다 시간을 더 많이 써서 다양한 걸 하는 게 아니라 약간 방향이 다른 것뿐이죠. 혼자 노는 스타일이라고 할까요.

자기 취향을 아는 거네요.
이 나이가 되니까 싫어하는 걸 안 하는 방법을 아는 거죠. 제 딸에게도 하는 얘기가 있어요. 너무 길게 공부할 생각하지 마라. 집중해서 하면 훨씬 효과가 좋을 거야. 그러다 보니 제가 저를 많이 알려고 애쓰고 계속 그렇게 맞춰가는 거죠.

"나는 건축을 음악한다."라는 표현을 봤어요. 방금 이야기와 통하는 의미 같기도 하고요.
건축을 음악한다는 것은 무엇이든 리듬을 가지고 즐기면서 하는 것을 말해요. 그게 곧 저인 거 같아요. 이걸 일이라고 생각하지 않는 게 가장 중요하겠죠.

음, 좋네요. 그렇다면 자기만의 시간을 가장 많이 보내는 '집'에 대해 조금 더 이야기해보고 싶어요. 건축가 양진석의 집은 어떤 공간인가요?
불행히도 제가 아직 단독주택에 못 살고, 엄청 오래된 아파트를 보수해서 20년째 살고 있는데요. 거기에서 혼자 살다가 결혼했고, 딸이 생겼고, 혼자 살 땐 제 서재이던 곳이 아내의 바이올린 연습실이 되었다가 이제는 딸의 방이 됐어요. 점점 저는 갈 데가 없어졌어요(웃음). 아, 얼마 전에는 식탁을 바꿨어요. 기존 4인용 식탁에서 10인용 식탁을 들여놓았는데요. 도서관처럼 길게 놓았더니 생활이 바뀌더라고요. 밥도 거기서 먹고, 일도 거기서 하고, 가족이 다 같이 모이는 장소가 된 거예요. 빅 테이블이라는 개념이 집 안의 풍경을 바꾼 거죠. 꽤 권장해요. 그다음에 제가 실험한 건 거실 소파를 벽에서 떼어내는 거예요. 소파 뒤로 사람이 다니면서 조금 더 아늑한 공간이 되었죠.

가구 배치 하나만으로도 생활 습관이 바뀌는 거네요. 천장의 높이나 해가 드는 창의 위치만 달라져도 그 사람의 삶이 바뀔 것 같다는 생각을 해봤어요.
건축이 사람에 끼치는 영향이 아주 커요. 집 얘기를 하자면 아파트에서 살다가 주택으로 옮기면 부지런해진다고 하잖아요. 아이들의 공간적 상상력이 풍부해진다고도 하고요. 같은 아파트라도 인테리어를 다시 하면 집이 달라 보이죠. 사무실은 안 그런가요? 내가 앉아 있는 책상이 오픈되어 있으면 집중도 안 되는데 구석에 가 있으면 안정적이잖아요. 그런 것들이 모두 공간에 대한 얘기죠.

원론적인 질문이지만 좋은 집, 좋은 건축이란 무엇이라고 생각하나요?
좋은 건축은 사람과 대화할 수 있어야 해요. 가령 아까 계단을 얘기해볼게요. 계단을 처음 봤을 때 독특하고 오묘한 생각을 하기 시작하잖아요. 수영장의 회색 돌과 물을 보면서 또 다른 얘길 하기도 하고요. 그런 게 좋은 건축이라고 생각해요.

단순히 공간의 문제만은 아니고 사람이 있는 풍경을 말하는 거네요.
그래서 제가 영화 세트장 같은 건축을 하지 말아야 한다고 강조하는 거예요. 모조의 공간은 단순히 예쁘다는 감정 외에는 불러일으키는 게 없거든요.

그렇다면 좋은 건축에 대한 구체적인 계획이 있나요?
잘 만들어야 한다고 생각해요. 예를 들어 아까 보여드린 호빵맨 노트는 낱장으로 찢어서 보관할 수 있게 디자인됐어요. 그런데 가만히 보면 점선이 보이지는 않죠. 그런 디테일을 보면 감동이잖아요.

일종의 세심함이라고 볼 수 있겠네요.
건축가 미스 반 데어 로에는 "신은 디테일 안에 있다."라는 말을 했어요. 저 역시 디테일 있는 건축을 좋아해요. 세심하게 잘 만든 건축은 모두 디테일에 강점이 있죠.

이야기를 나누다 보니 어느덧 시간이 한참 지났는데요. 저희가 인터뷰를 진행하는 이곳 설해원은 어떤 곳인가요?
이곳 강원도 양양은 새로 뚫린 고속도로 덕분에 교통이 편해졌고, 미세먼지가 없다고 유명세를 탄 곳이에요. 거기다 조금만 나가면 서퍼들의 장소가 나오죠. 아주 하이브리드한 도시예요. 시니어와 젊은 사람이 모이는 독특한 이 지역만의 분위기가 있어요. 그런 곳에 상징적인 건물을 건축하고 있으니 제가 얼마나 흥분되겠어요. 설악산의 '설'과 동해의 '해'를 붙여서 동해를 품은 정원이라는 의미로 이름을 지었죠. 오십이 넘은 건축가가 그동안의 경험을 모두 쏟아부어 만든 작품이에요.

기존 프로젝트와 다른 점은 무엇인가요?
설계부터 완전히 달랐어요. 다른 데는 설계가 다 끝나고 공사하잖아요. 여긴 공사하는 도중에 설계를 끊임없이 수정했어요. 건축가에게는 너무 힘든 작업이에요. 특히 현장에서 일어나는 모든 실수의 책임이 모두 설계 쪽으로 올 만큼 리스크가 있었죠. 하지만 다른 현장과는 다르게 수영장과 클럽, 온천과 콘도, 단독주택 등 다양한 시도를 할 수 있어서, 건축가로서는 놀이터나 다름없는 작업이었죠.

놀이터라고 표현하시네요.
건축가는 작업의 호흡이 길어요. 빌딩을 만들면 1~2년 정도를 작업하는데 한 건물만 하면 지겨워 죽어요(웃음). 나중에는 지쳐요. 하지만 이번 작업은 지칠 새가 없었어요. 그러니까 재미있었죠.

건축가로서 기쁨과 두려움에 대해 조금 더 이야기해주세요.
흔히 얘기할 수 있는 건 제가 죽어도 작업물은 남는다는 점이죠. 건축은 기본적으로 백 년, 이백 년은 거뜬히 버티잖아요. 호랑이가 가죽을 남기듯이 자식 같은 아이가 내가 떠나도 남는다는 자체가 보람이면서도 한편으로는 무서워요. 내가 이렇게 건축해도 되나. 이런 걸 만들어도 되나. 평생 죄의식 가지고 살죠. 스트레스 받아서 병 걸릴 거 같아(웃음). 또 하나의 감정은 이 건물이 제 스케치를 바탕으로 만들어졌잖아요. 그리고 지금 저는 이 공간에서 즐기고 있는 거고요. 이게 정말 큰 보람이에요. 아마 건태 씨에게도 보람이 아닐까 싶어요. 이 건축물을 만든 건축가와 대화를 나누고 있는 거잖아요.

저도 나중에 누군가와 함께 오게 되면 조금 거들먹거려볼게요. 여기 만든 사람 내가 잘 알지, 하면서요.
꼭이요(웃음).

건축가로서 마지막 단 하나의 건축만 할 수 있다면 그건 어떤 모습일까요?
르 코르뷔지에처럼 아주 조그만, 숲속에 있는 나만을 위한 공간을 만들고 싶어요. 혼자 사색할 수 있고 조용히 앉아 있을 수 있는 집. 별장이라고 할 것도 없죠. 열 평 미만의 조그만 공간을 가지는 게 제 마지막 숙제예요.

건축 감각 기르기

벽은, 바닥은, 창은 무엇입니까

건축에 대해 알지 못해도 살 수 있다. 우리가 모르는 것과 상관없이 모든 사람이 건축에 둘러싸여 있기 때문이다. 하지만 그렇기에 우리는 건축을 "더 잘 보고 더 잘 듣고 더 잘 느끼는 법"을 배워야 한다. 건축 감각을 기르고 배우기 위한 몇 가지 물음을 안고 김광현 교수 앞에 앉았다.

에디터 **김혜원** 포토그래퍼 **안가람**

김광현 교수는 41년 8개월 24일 동안 서울시립대와 서울대에서 학생들에게 건축을 가르치고 연구했다. 올 초 강단을 떠난 그는 현재 서울대 건축학과 명예교수로 있다. 김광현 교수는 건축의 공동성共同性을 기반으로 장소와 사회와 일상, 그리고 사회제도를 함의한 건축의 진정성과 공공성을 추구하고, 이를 실천하는 데 건축의 가치를 둔다.

잴 수 있는 요소로
잴 수 없는 것들에 관해

수학을 배울 때 가장 먼저 숫자를 외우고 일본어를 배울 때 히라가나를 외우는 것처럼, 건축을 배우려면 건축을 구성하는 요소에 대해 알아야 할 것 같았다. 건축의 기본 요소는 뭘까? 간단하게 지붕과 바닥과 벽이 있다. 건축은 경계를 짓는 일이고 적어도 이 세 가지 요소가 있어야 "외부에서 내부를 얻어낼 수 있다."고 한다. 하지만 모두 알다시피 지붕과 바닥과 벽만으로 집이 완성되지 않는다. 실제 건축물을 이루는 요소는 더욱 다양하다. 문과 창, 기둥, 천장과 계단도 포함된다. 그리고 이런 요소들이 하나의 커다란 질서 안에서 건축물로 만들어진다. 그렇다면 이것들은 단순히 집을 짓는 요소일 뿐일까? 사실 벽을 모르는 사람은 없다. 지붕을 그려보지 않은 사람도 없을 것이다. 그렇지만 모두 건축을 안다고 말하지 못한다. 벽과 지붕에 대해 안다고 자신 있게 말할 수도 없다. 완성된 건축물은 또한 그곳을 이용하는 사람과 공동체, 그리고 사회에 질서를 부여하기도 한다. 그렇기 때문에 숫자를 외우듯 요소의 이름을 외운다고 해서 이해할 수 있는 것이 아니다. 모든 건축 요소는 다양하고 유기적인 개념을 갖고 있고 그것을 이해해야 비로소 건축에 접근할 수 있다. 나는 김광현 교수가 그의 책에 쓴 것처럼, 잴 수 있는 요소들로 그 안에 담긴 가치나 의미 같은, 잴 수 없는 것들에 관해, 그리고 나아가 건축에 관해 묻고자 했다.

왜 눈을 마음의 창이라고 하나요?

"창을 만든다는 것은 벽에 바람과 빛을 받아들이기 위해 구멍을 뚫는다는 거예요. 사람들은 창을 통해서 바깥세상을 바라보지요. 집 안을 들여다보게 해주는 것도 창이에요. 눈은 어떤가요? 눈을 통해 마음이 드러나고, 눈으로 마음을 들여다볼 수 있으니 창이라고 하는 거 아니겠어요? 창이 가진 의미가 이미 말속에 어느 정도 들어가 있어요. 창이 전혀 없는 벽은 '블라인드 월Blind Wall', 맹벽盲壁이라고 해요. 창은 눈인데 창이 없으니 볼 수 없는 벽이라는 거예요. 또 창은 밖을 볼 뿐만 아니라 바람과 빛을 받아들이기 위해서 만든다는 걸 생각해야 해요. 빛과 바람과 시선의 작용이 일어나는 곳이 창가인 거지요. 벽에 하나만 있는 창은 따뜻하고 조용하며 사람을 불러내는 힘이 있어요. 창가는 생활공간에서 의외로 소중한 곳이에요. 남의 집에 심긴 나무 한 그루를 내 것으로 만들 수 있는 방법 또한 창을 잘 만드는 거예요. 그 나무를 받아들이는 내 방의 창을 통해, 나는 풍부해지고요."

어떻게 바닥이 우리의 행동을 제한하나요?

"바닥은 공간을 규정하고 공간을 인식하게 해주며 신체가 늘 귀속하는 요소예요. 배아가 자궁 내벽에 부착하는 과정을 착상着床이라고 해요. 왜 이것을 '바닥床에 붙는다着'라고 했을까요? 수정란이 어머니의 자궁 안에 착상하지 않으면 결코 자랄 수 없어요. 인간이 살아가기 위해서 마지막까지 꼭 있어야 하는 것도 바닥이고요. 땅바닥을 얻지 못한 사람들은 수상가옥에 아슬아슬한 바닥을 만들어 살아요. 바닥이 행동을 제한한다는 얘기는 평면도를 말하는 걸 거예요. 건축은 사람의 활동을 먼저 바닥으로 바꾸어 벽이라는 선을 긋지요. 그것이 평면도예요. 평면도를 그리는 건 사실 바닥을 그리는 거예요. 크게 제약을 가할 수는 없지만 이쪽에서는 창밖을 바라보는 게 좋아요, 하고 행동을 조금은 한정하지요. 평면도에서 여기는 방, 여기는 홀, 이렇게 바닥으로 사람의 행동을 제한한다는 거예요. 그러니까 바닥을 그릴 땐 사람의 행동을 어느 정도 생각하면서 그리지요. 평면도를 그리는 건 집의 모양을 잡는 게 아니라 삶을 그리는 거고요."

"집에서도 벽은 공간을 분할하며 방을 나누어 안과 밖을 만들어요. 하지만 반드시 분리만 하지 않아요. 벽은 닫히면서 또 열려요. 내가 밖으로 나가야 하고 손님도 맞이해야 하고, 또 밖의 풍경도 봐야 하고요. 폐쇄성과 함께 개방성을 갖고 있어야 하지요. 그런데 벽으로 둘러싸여 있다고 하면 중세 유럽 도시처럼 두꺼운 성벽으로 둘러싸인 도시를 먼저 떠올려요. '에워싼다', '무겁다', '폐쇄적이다' 같은 단어로 벽을 설명하지만 이들은 공간이 벽으로 에워싸일 때의 소중함을 전달하지 못해요. 지금 도시에 사는 우리가 에워싸이지 않고 살고 있기 때문일 거예요. 벽이 에워싸서 답답하다고 생각하지만, 사람이 모든 것에 벽이 없길 원하진 않아요. 면벽수도面壁修道를 할 땐 일부러 벽을 찾아가잖아요. 벽 앞에서 마음이 열리기도 하니까요. 사람들은 나만의 닫힌 공간에서 행복감을 느끼기도 하지요. 오늘날에는 여러 분야에서 경계를 없애고 있지만 건축은 닫혀 있는 게 필요해요."

왜 건축을 배워야 하나요?

건축강의 1 **건축이라는 가능성** 김광현

건축강의 2 **세우는 자, 생각하는 자** 김광현

건축강의 3 **거주하는 장소** 김광현

건축강의 4 **에워싸는 공간** 김광현

건축강의 5 **말하는 형태와 빛** 김광현

건축강의 6 **지각하는 신체** 김광현

건축강의 7 **질서의 가능성** 김광현

건축강의 8 **부분과 전체** 김광현

"문맹도 있지만 공간맹空間盲도 있는 것 같아요. 건물도 읽고 사용할 줄 알아야 해요. 어느 구석을 보고 내가 저곳을 이렇게 쓰면 좋겠다, 하는 것도 읽어야 되는 거지요. 집을 지을 줄 모른다고 할지라도 창 앞에 서서, 길에 서서 건축에 대해 이야기도 나눠야 배우기 시작할 텐데, 어디에선가 뭔가가 결여되어 있는 것 같아요. 초등학교에서도 건축을 안 가르치죠. 집이 어떻고, 문이 어떻고, 세세하게 다룰 필요는 없겠으나 비슷한 얘기는 있어야 하지 않을까요? 교과서에는 이런 게 써 있어요. 커튼 고르기, 벽지 고르기. 그래도 건축과 근접해 있는 것 중 하나예요. 그런데 왜 이렇게는 안 가르칠까요? '창을 열면 밖에 무엇이 보입니까?' 하고 말이죠. '문을 열고 밖을 보면 주변에 뭐가 보입니까, 문을 사이에 두고 우리 집과 남의 집이 어떻게 보입니까, 문을 열고 길을 따라 우리 동네를 걸어봅시다, 공공건물이 어떻게 세워져 있고 그들이 하는 일이 뭔가요?' 공공성을 기르는, 내가 혼자 사는 게 아니라는 것을 배우는 아주 좋은 방법은 집을 통해서 배우는 거예요."

왜 잠시 머물다가는 집에 대해서도 생각해야 하나요?

"중요한 건 살고 있는 삶의 터전이 있느냐 없느냐의 문제예요. 비록 내 소유가 아니고 빌려 쓴 거라 할지라도, 어디론가 떠났다 그 점으로 돌아와야 하잖아요. 그 점은 집이고요. '카르페디엠'이라고, 지금 살고 있는 현재 이 순간에 충실하라는 말이 있어요. 자기가 살고 있는 데가 제일 중요한 거예요. 지금 세계의 중심이 어디죠? 자기 몸이 있는 이곳이에요. 내가 소유하지 않으니까 우리의 삶과는 관계가 없다고 생각하면 안 돼요. 지금 있는 이 사무실도 결국 남의 '집'이에요. 그렇게 여러 군데를 다니면서 사는 거고 결국 공간을 자기가 편집하는 거지요. 오늘은 어떤 집에 가서 뭐를 할 것인가. 남이 만든 집이라 할지라도 내가 경험하는 집이에요. 남의 집이라고 관심을 갖지 말아야 할 게 아니라, 남의 집이라도 이런 게 있으면 좋지 않을까 생각할 때 결국 서로 나누어 갖게 되는 게 아닐까요?"

우리에게 질문을 주세요

'42년간의 대답과 계속될 질문들'은 김광현 교수의 마지막 강의 제목이다. 대화를 끝내기에 앞서 마지막으로 건축에 관해 생각해볼 거리가 있는 질문을 하나 남겨달라고 했다. 그러니까 우리가 지금 해볼 수 있는 연습 문제를 하나 내달라고 부탁한 것이다. "자동문, 회전문, 성당에 가는 문, 사찰에 가는 문, 많은 문이 있어요. 일주일 동안 문을 드나들며 나의 생각과 신체가 문에 어떻게 반응했는지 한번 생각해보세요." 하루 동안 오가는 장소를 떠올렸을 때 그 문의 수는 헤아릴 수 없을 만큼 많다. 점심시간에 들른 식당의 유리문은 어떤 느낌을 주었는지, 공간의 분위기와 잘 맞았는지, 퇴근 후 들른 동네 서점의 철문은 어떤 느낌을 주었는지 생각하는 것만으로도 건축과 공간에 대한 감각을 기르는 좋은 시작이 된다.

건축이 궁금한 사람들을 위한
김광현 교수의 책들

건축 이전의 건축, 공동성
김광현 | 공간서가

앞서 김광현 교수를 설명하며 '건축의 공동성'을 말했다. 제목을 보고 짐작할 수 있듯, 김광현 교수가 지난 40여 년간 쌓아온 건축 이론에 대한 책이다. 일곱 개의 장으로 구성돼 있으며, 그 시작은 역시나 '공동성의 건축'에 관한 이야기다. 건축의 근본적인 의미를 되짚고 지금 한국의 현대건축과 풍경을 바라보며 성찰하고, 사회 속에서 건축의 역할에 대해 생각하게 한다.

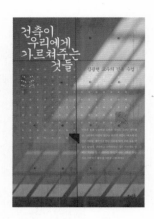

건축이 우리에게 가르쳐주는 것들
김광현 | 뜨인돌

머리말은 이렇게 시작한다. "우리는 무수한 건축물에 둘러싸여 살고 있다. 그리고 건축과 함께 산다. (중략) 우리는 건축으로부터 도망갈 수 없다. 그래서 우리 모두는 건축에 대해 배워야 한다." 어쩌면 이 기사를 통해 말하고 싶던 모든 이야기가 담긴 책. 집을 짓는 이유에서부터 건축을 배워야 하는 이유까지. 책의 무게는 묵직하지만 책을 읽어나가는 것이 어렵지는 않다.

루이스 칸: 학생들과의 대화
DUNG NGO | 엠지에이치엔드맥그로우한

루이스 칸은 20세기 최고의 건축가 중 한 사람이다. 그리고 좋은 질문은 항상 좋은 답보다 훌륭하다고 말하던 인물이기도 하다. 이 책은 학생들의 질문에 대한 루이스 칸의 대답을 담고 있다. 어떤 '좋은' 질문과 '좋은' 대답이 오갔을지 궁금하지 않은가? 게다가 루이스 칸의 말은 건축가가 아닌 이들에게도 유의미한 물음표를 남긴다. 김광현 교수가 번역에 참여했다.

질서의 가능성(건축강의 7)
김광현 | 안그라픽스

10권의 '건축강의' 시리즈 중 일곱 번째에 해당하는 책이다. "창은 외부와 내부가 교차하는 곳이며 바닥은 대지의 일부다. 그리고 지붕은 커다란 나무와 같다. 세워진 구조물은 인간의 구축 의지를 나타내며 기하학으로 질서를 이룬다." 오늘 나눈 대화는 이 책에서 시작됐다. 건축을 공부하는 학생을 위한 책이지만, 비전공자에게도 흥미롭다.

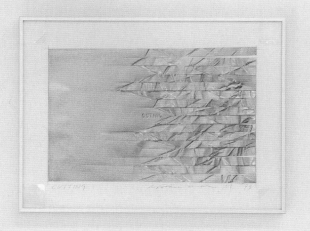

김광현 교수는 사실 나 혼자만의 건축 선생님이었다. 책을 통해 그를 처음 알았다. 우리 사무실에는 주인과 목적
을 파악하기 힘든 책들이 몇 권 있다. 자전거 정비에 관한 책이나 국내 명산에 관한 책이 그렇다. 김광현 교수의 책
도 그중 하나였다. 사무실에서 김광현 교수의 책을 발견했다. 건축을 구성하는 요소들에 관해 설명한 책이었다.
주인은 역시 없었다. 그래서 내 책장에 꽂아두고 틈날 때마다 한 페이지씩 읽었다. 내용은 정확히 이해하지 못해
도 좋았다. 왜냐하면 매일 보던 벽과 바닥과 문 등에 대한 이야기였는데, 그 책이 일상의 공간을 새롭게 느끼도록
만들어줬기 때문이다. 나는 숨을 고르고 기분을 환기하고 싶을 때 사무실에서 그 책을 폈다. 이번 호 주제가 '건
축'으로 정해졌을 때, 김광현 교수가 가장 먼저 떠오른 건 나에게 너무 당연한 일이었다. 이 기사, 혹은 오늘 소개
한 그의 책이 누군가에게 일상을 환기하는, 건축으로 향하는 길잡이가 되었으면 좋겠다. 나에게 그랬던 것처럼.

동네에서 만나는 세계의 현대건축

버스 타고 찾아가는 '글로벌 스타 아키텍트'

건축은 엽서의 이미지도, 책 속의 글도 아니다. 일상에서 풍경과 어떻게 어울리고 있는지, 빛과 그림자는 공간을 어떻게 완성하고 있는지, 장소는 사람들을 어떤 방식으로 담아내고 있는지를 실제로 보고 마음으로 이해해야 하는 것이다. 그렇다면 한 번도 본 적이 없고 앞으로도 가볼 일 없는 건축물의 이미지를 잔뜩 늘어놔 봐야 무슨 소용이 있겠는가. 그래서 이번에 소개할 건축가와 건축물은, 이를테면 국내에서 떠나는 '글로벌 스타 아키텍트'의 현대건축 투어를 구성할 수 있는 리스트다. 현대건축 교과서에도 등장하는 동시대의 스타 건축가들이 국내에 설계한 작품을 대충 추려본 것인데, 만약 이 건물들을 찾아가서 직접 보고 공감하는 바가 있다면, 그것이 무엇이던 나름대로 현대건축의 굵직한 줄기를 이해했다고 해도 좋다.

글·그림 오호근(디엠피건축 사장)

강릉에서 출발
리차드 마이어 | 씨마크 호텔

동해안의 파란 해변을 산책하다 보면 인스타그램의 배경으로 자주 등장하는 호텔을 만날 수 있다. 군더더기 없이 반듯한 하얀 덩어리들이 제자리에 적당히 자리잡고 있는 리차드 마이어의 건물은 보기에 편하다. 그래서 참 쉬워 보이는데, 절대 따라 하기 쉽지 않다. 해가 좋은 날 보면, 하얀 표피 위에 그림자의 변화가 만들어주는 날카로우면서도 풍성한 덩어리 감이 매력인데, 이를 위해서는 덩어리들 간의 적절한 간격과 비례를 정리하고, 그들의 관계를 투명하게 드러나도록 하는 구석구석의 디테일을 꼼꼼히 계산하고 설계해야 하기 때문이다. 어찌 보면 이것이 모더니즘으로 드러나는 가장 순수한 조형적 매력인데, 미국 모더니즘의 거장인 리차드 마이어는 오랜 세월 동안 이 매력을 잘 다루어, 간결하게 드러나는 한결같은 언어로 존경을 쌓아오고 있었다. 하지만 그의 건축처럼 하얀 것에는 그림자도 따라오는 법인지, 백발의 노 건축가는 팔순을 훌쩍 넘긴 최근에 미투Me Too의 가해자로 드러나 그 존경을 놓아야 할 처지가 되었다.

동대문을 지나
자하 하디드 | DDP(동대문 디자인 플라자)

서울을 둘러싼 성곽의 줄기가 동대문으로 이어지는 끝자락에서 느닷없이 이륙을 기다리고 있는 이 거대한 우주선 같은 건물은, 은둔형 외톨이가 아니고서야 아마 서울에 사는 사람들이라면 한 번쯤은 본 기억이 있을 것이다. 소위 글로벌 스타 건축가인 자하 하디드는 DDP같이 개성 넘치고 세련된 조형으로 세계 곳곳의 랜드마크 건물을 설계했다. 자하 하디드는 일찍부터 기존의 작도법으로 접근하기 어려운 도전적인 형태를 통해 공간을 만들어왔는데, 결국 복잡한 프로그래밍을 통해 한계를 극복하고 세상에 없던 새로운 형태의 공간을 만들어낼 수 있는 독보적인 설계팀을 갖게 되었다. 하지만 그의 건물은 일반인은 물론 건축가 사이에서도 호불호가 극단적인 편인데, 천문학적인 공사비에 대한 당위성과 장소가 갖는 역사와 풍경의 맥락에 대한 해석이 다르기 때문이다. 급기야 2020 도쿄올림픽 스타디움 설계 공모에서는 당선되고도 이런저런 이유로 설계권을 빼앗기기에 이르렀는데, 칠순을 앞둔 이 아우라 넘치는 여성 건축가는, 뭐 이 일 때문은 아니겠지만, 이후 얼마 되지 않아 화려한 삶을 마감했다.

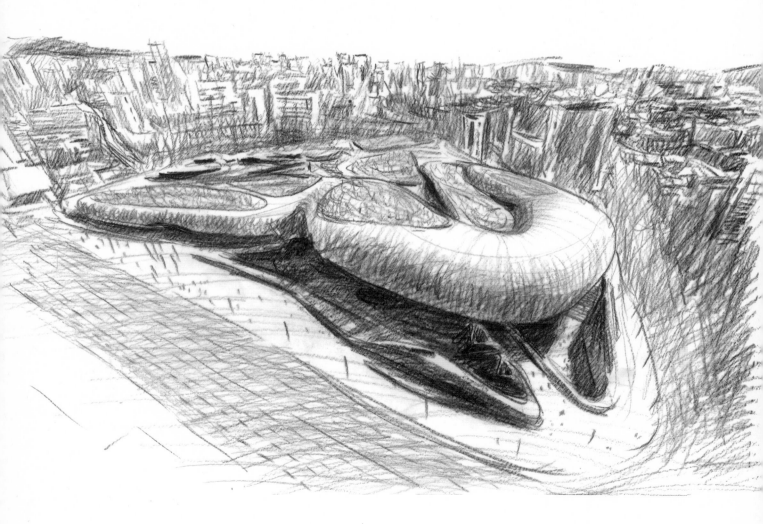

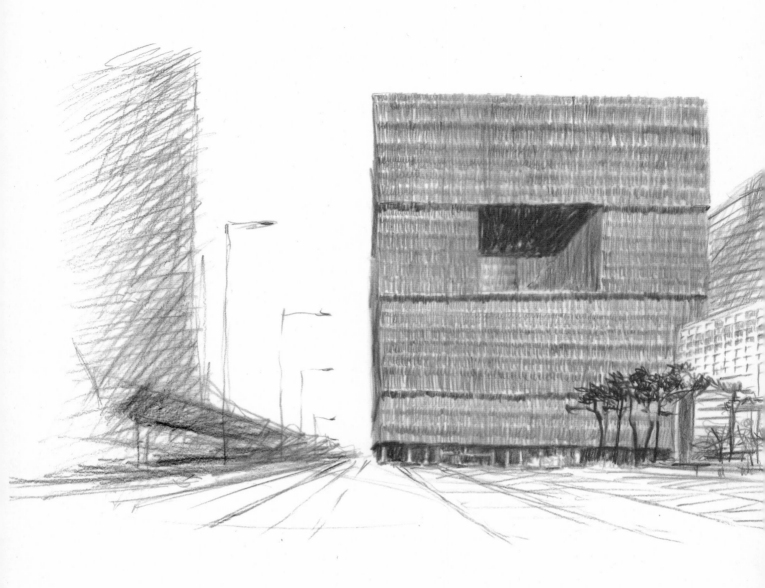

용산에 들러
데이비드 치퍼필드 | 아모레퍼시픽 타워

서울역에서 한강대교를 지나는 길에 거대한 추상화처럼 등장하는 이 시적 영감 넘치는 건물은 오늘 소개한 건축물 중에서 가장 최근에 지어진 작품이다. 이 건물에서는 유리나 벽돌이 창문이나 벽으로 구성되는 기존 건물 같은 익숙한 어휘를 찾기 힘들다. 대신에 마치 대나무 발 너머 깊이 숨겨진 세상을 엿보는 것처럼 구체적인 형태나 물성이 아닌 관계 사이에 놓인 경계를 느끼게 된다. 데이비드 치퍼필드의 건물은 이렇게 모더니즘을 넘어 미니멀리즘의 성격으로 이야기되곤 하는데, 그가 추구하는 미는 절제된 형태를 물질화하는 과정으로 더 이상 응축될 수 없는 본질에 접근하려 한다. 그래서 그의 건물을 가까이서 볼 기회가 있다면 거의 편집증처럼 완벽한 디테일로 건물의 작은 구석까지 완성하려고 한 노력을 읽을 수 있을 것이다. 어릴 적 자란 농장의 땅과 흙에서 느낀 향수를 기억하는 육십 대 중반의 이 영국 출신 건축가에게는 이 감성을 건축적 체험으로 완성시켜 나가는 힘이 있다. 앞으로의 작품이 계속 기대된다.

이태원에서 놀다
렘 콜하스, 마리오 보타, 장 누벨 | 리움 뮤지엄

삼성이 만든 박물관인 리움의 작품 콜렉션은 놀랍다. 오래된 유물부터 현대미술의 작품은 물론, 현대건축에서
주목받는 세계적 건축가 세 명을 선정해서 세 개의 건물로 이루어진 박물관을 설계해 실물로 건축을 콜렉션한
셈이다. 사실 이 각각의 건축가는 이렇게 한 테마로 모아 한꺼번에 다룰 분들이 아니다. 그만큼 현대건축에서
존재감이 분명하며 각각의 건축적 성격도 다르기 때문이다. 키 크고 날씬해서 슈트핏이 잘 받는 네덜란드 건
축가 렘 콜하스는 도시를 넘나드는 스케일과 다양한 시각으로 건축의 과정을 펼쳐 새로운 가치를 찾아내는 상
당히 진보적인 건축가다. 반면 스위스 출신의 마리오 보타는 맘 좋은 동네 아저씨 같은 넉넉한 인상을 풍기며
자연과 지역에 편안하게 어울리면서도 묵직한 질감을 느끼는 건물을 설계한다. 아, 강남역의 교보문고 빌딩도
그의 작품이다. 딱 봐도 깐깐한 예술가의 풍모를 지닌 장 누벨의 건물은 미술학도를 꿈꾸던 프랑스 건축가답
게 개념적 시도가 다양하고, 공간이나 재료에서 미학적인 완성도를 위한 고집이 강하게 드러난다. 이렇게 다
양한 개성을 지닌 세 명의 건축가가 한 장소에 건물을 지었으니 과연 그것이 자연스러운지는 모르겠지만, 현
대건축의 다양한 맥락을 한자리에서 비교할 수 있는 곳이 가까운 거리에 있다는 사실만으로도 대단한 행운이다.

섭지코지에서 마무리
안도 다다오 | 지니어스 로사이

성산일출봉도 있고 우도도 있지만, 제주 동쪽 해안에서 여유 있게 시간을 즐기기에는 섭지코지가 가장 편안하다. 여기에는 야트막한 현무암 돌담과 투박한 콘크리트 벽이 거칠게 대비되며 자연의 장면을 열고 길을 안내하는 전시관이 있는데, 이 건물이 일본 모더니즘의 거장인 안도 다다오의 작품이다. 지금은 유리공예전시관인 유민박물관으로 바뀌었지만, 뭐랄까 아무래도 오리지널의 기억이 남아 있는 지니어스 로사이로 부르는 게 아직 더 친숙하다. 안도 다다오의 건물은 일관되다. 장식 없는 단순한 기하학적 도형으로 공간을 구성하고 콘크리트가 갖는 재료 본성의 힘으로 경계를 구축하는데, 이를 통해 형태나 재료는 사라지고 빛과 소리가 공간을 채우는 것을 경험한다. 지금은 흔해진 노출 콘크리트 건물의 매력을 일찌감치 보여준 안도 다다오는, 권투선수 출신에 독학으로 건축을 배운 이력이 유명하며, 이런 이력답게 그의 건물도 화려한 기교 없이 투박하게 한 방으로 보여주는 힘이 있다. 비교적 최근에 문을 연 원주 가는 길 문막의 산 뮤지엄에서도 안도 다다오를 경험할 수 있다.

도시는, 그리고
우리는 무엇으로 살까

건축가 유현준

회색 도시 안에는 정말 희망이 없는 걸까. 도시는 제 기능을 찾기 위해 계
속해서 호흡하고 있다. 그 숨결을 느끼기 위해 유현준 건축가를 만났다.

에디터 **이자연** 포토그래퍼 **Hae Ran**

"그 안에 머무는 사람들을 화목하게 만드는 건축이 좋은 건축이라고 생각해요.
사람과 사람, 사람과 자연의 관계까지도요."

근래 무척 바빠 보이셨어요.
제가 주로 하는 일이 네 가지예요. 강연하고, 학교에서 학생들 가르치고, 설계사무소에서 설계하고, 책 쓰는 일이요. 이런 일들을 돌아가며 하고 있어요.

바쁜 일정에 학교 수업을 병행하는 게 어려워 보이기도 해요.
수업은 3개를 맡고 있어요. 그중 하나는 교양과목인데 동영상 촬영을 해서 강의를 진행하고 있어요. 딱 그 시간에 맞추는 게 힘들었지만 동영상 촬영으로 바꾸고 나니 좀 편안해졌죠.

전공 강의를 들으려는 열기가 무척 치열해서 수강 신청이 어렵다는 이야기를 들었어요.
그래요(웃음)?

건축과가 그렇게 과제가 많다고 유명하던데요.
장난 아니죠. 건축학과 학생들은 매일 밤새요. 그럴 수밖에 없어요. 저는 지금 4학년과 5학년에게 설계를 가르치고 있어요. 예전에 미국에서 통계를 낸 적이 있는데 건축과가 잠을 제일 적게 자는 학과로 꼽혔어요.

왜일까요?
할 일이 많아요. 손으로 모형을 만드는 작업은 3D프린터가 나오면서 줄어들었지만 그 외에 다른 일이 또 생기는 거예요. 예를 들어서 손 쓰는 작업이 줄어들면 이젠 렌더링*으로 작업하는 수가 늘어나고, 동영상도 제작해야 하고요. 기술이 발달할수록 배워야 하는 것들도 많아져요. 보통 건축과 학생이 쓸 줄 아는 소프트웨어가 여섯 개 정도 되는데 그것도 계속 업데이트를 따라가려면 배워야 해요. 인문학도 공부해야 하고, 구조학도 배워야 하고, 실제 설계도 해야 하고, 환경도 알아야 하죠. 트렌드도 알아야 하고요. 학생들이 할 게 너무 많아요, 사실.

*렌더링 수치와 방정식으로 서술된 2차원 혹은 3차원 데이터를 사람이 인지 가능한 영상으로 변환하는 과정. 컴퓨터로 만든 투시도라고 볼 수 있다.

유년 시절에 미술을 좋아했다는 이야기를 들었어요. 사실 어릴 때 좋아하던 것을 직업으로 발전시키기 어려운데, 미술을 좋아하던 마음이 건축가로 바로 이어진 걸까요?
중·고등학교 때 계속해서 직업적인 꿈을 찾으려는 건 안 좋은 것 같아요. 사회에 발을 디딜 때 그 직업이 사라질 수도 있잖아요. 직업의 성향도 바뀔 수가 있고요. 건축가만 해도 제가 학교를 다니던 시절과 많이 달라졌어요. 대학 졸업하고 첫 번째 대학원 다닐 때만 해도 손으로 다 작업해서 컴퓨터

를 잘 못해도 상관없었거든요. 제가 대학교 1학년 때부터 컴퓨터를 해야만 하는 학과였으면 아마 힘들었을 거예요. 특히나 이렇게 세상이 빠르게 변할 땐 어떤 직업을 목표로 두는 건 위험해요. 하루가 다르게 바뀌니까요. 10년 뒤에는 지금 말하는 건축가라는 직업도 바뀔 수 있겠죠. 이 분야뿐만 아니라 모든 분야가 그럴 테고요. 제가 건축가가 된 계기는, 전 달달 외우는 걸 무척 싫어해요. 남들이 주입하는 걸 별로 안 좋아하거든요. 문과는 외우는 게 싫었고, 이과는 수학이 싫었어요. 정해진 답을 찾아가는 게 좀 안 맞더라고요. 제한된 시간 안에 하는 것도 싫었고요. 남들이 정한 걸 맞춰야 하고 남의 템포를 따라야 하는 게 안 맞았어요. 그래서 미술이 조금 잘 맞았어요.

강연에서 학교 건축을 바꾸고 싶다는 이야기를 하신 걸 본 적이 있어요. 학교 건축에 관심이 많으신 것 같아요. 실제로 학교가 창의력을 저해하는 구조이기도 하고요.
저는 건축 공간이 사람들에게 어떤 영향을 미치는지에 관심이 많은 사람이에요. 그 안에 머무는 사람들을 화목하게 만드는 건축이 좋은 건축이라고 생각하거든요. 사람과 사람, 사람과 자연의 관계까지도요. 대부분의 건축이 사람들을 화목하지 못하게 하는데, 그 대표적인 게 학교라고 생각해요. 아이들을 전체주의자로 만들고 획일화시키면서, 정서적으로 자연과 격리하고 있죠. 사실 저는 창의적인 아이들을 원하진 않고, 정상적인 인격을 가진 아이들이 필요하다고 생각해요. 그런데 지금 학교는 비정상적으로 전체주의적인 아이들을 양성하고 있어요. 우리 사회에서 급선무로 바뀌어야 하는 부분이기도 하죠. 학교에서 하루의 절반 이상을 보내는데 아이들이 힘들어하잖아요. 저 역시 힘들게 지냈고요. 제가 학교 다닐 때보다 지금 아이들이 더 힘들 거예요. 방과 후에 똑같이 상가 학원에 가고, 똑같은 옷에 똑같은 음식을 배급받아 먹어요. 공부해야 할 양은 훨씬 더 늘었고, 학교는 점점 고층화되고 있죠.

학교 건축물에 관한 좋은 사례는 없나요?
아직 제가 원하는 정도의 바람직한 학교는 없어요. 핀란드에 가도 제 마음에 완벽하게는 안 들더라고요. 학교가 이미 시대에 뒤떨어진 개념일지도 모른다는 생각도 들어요. 아이들이 반드시 학교에서 교육을 받아야만 한다는 생각이 시대에 맞지 않다면, 교육을 위한 빌딩 프로그램도 잘못된 게 아닌가 돌이켜 볼 수 있는 거죠. 무척 급진적인 얘기로 들릴 수도 있겠네요. 그런데 아이들이 9시까지 학교에 가서 똑같은 시간에 똑같은 걸 배우는 게 이상하잖아요. 사회성이 필요하다면 다른 부분으로 채울 수도 있거든요. 학교 형태가 아니어도 된다고 봐요.

중·고등학교의 공간적 한계가 지금 가르치는 학생들의 모습 속에서 보이기도 하나요?

상대적으로 수동적이라는 생각이 들곤 해요. 중·고등학생은 자율적으로 뭔가를 선택할 수 있는 게 거의 없잖아요. 공간만 해도 자신들이 선택해서 갈 수 있는 곳이 없고요. 어떤 공간이 다양하게 쓰이는 사례도 본 적이 없겠죠. 제가 어릴 땐 공터가 많아서 잠자리도 잡고 웅덩이에서 뛰면서 우리가 원하는 방식으로 놀았다면, 지금은 곳곳마다 장소의 목적이 분명해요. 체육관 있고, 미술실 있고, 식당 있고. 하나의 공간이 하나의 목적만 갖고 있는 거죠. 쉽게 말해서 자동차보다는 기차 같은 느낌이에요. 이런 게 쌓여서 자기의 미래를 선택할 때도 이걸 어떻게 해야 할지를 모르는 거예요. 다 똑같은 행동만 봤으니까요. 하지만 누구나 다 주체적인 결정을 해야 하는 순간이 오잖아요. 요즘엔 그게 30대 초반에 오는 것 같아요. 30대 초반이 되면 '내가 이 일을 계속 해야 하나?'라고 생각하면서 이직도 하고 쉬기도 하죠. 자연스러운 거라고 봐요. 그리고 계속 실내에서만 생활하면서 바깥 생활을 능동적으로 대한 적도 없을 거예요. 그럴 시간은 누구나 필요한데 말이죠. 저희 세대가 그런 걸 대학 때 거쳤다면, 지금은 대학 때도 할 일이 너무 많아서 그 시기가 점점 뒤로 밀린 것 같아요. 뒤로 미뤄진다는 건 그 사람에게 안 좋은 거거든요. 한 사람의 자율적인 선택권을 다 박탈하더니 그 사람이 30대가 되었을 때 돌려주는 건 사회적으로 문제가 많은 거죠.

비어 있는 시간이 필요하다는 말처럼 들려요.

그렇죠. 이 말은 이 사회가 그만큼 경직되었단 이야기고, 경직된 사회라는 얘기는 갈등이 많아질 소지가 많다는 거거든요. 그래서 항상 사회가 시끄럽잖아요. 유연하지를 못해요. 사람들은 자신과 다른 프레임이나 라이프스타일을 이해하지 못하는 것 같아요. 타인을 인정하지 않고, 내 가치관을 타인에게 강요하죠. 언제나 옳고 그름을 나눠요. '다르다'기보다는 '틀리다'는 말을 하면서요. 이런 생각이 우리 사회에 뿌리 깊게 자리하고 있어요.

외국을 가면 길거리에서 장애인을 많이 만나요. 그런데 한국에서는 길 위에서 그들을 찾아보기가 힘들어요. 그들이 존재하지 않는 건 아니거든요. 다만 그들이 밖으로 나갈 기회가 없는 거겠죠. 무척 기형적인 것 같아요.

저도 똑같이 느꼈어요. 두 가지로 생각할 수 있을 것 같아요. 하나는 앞에서 말한 대로 다른 걸 틀리다고 생각하면서, 장애인을 나와 다른 사람이 아니라 틀리다고 여기는 거죠. 자연스럽게 받아들이지 않는 거예요. 심지어 우리는 키가 작아도 틀린 사람이고, 뚱뚱해도 틀린 사람이라고 여기는데, 장애인은 오죽하겠어요. 그런 사회 분위기가 첫째 요인 같아요. 이런 분위기가 형성된 것은 학생들이 전체주의적으로 자랐기 때문인 것도 있죠. 모두 똑같아야 한다는 생각이 획일화된 사회를 반증하는 거잖아요. 그 다음에 공간적으로만 본다면 느린 공간이 없어요. 정주할 수 있는 공간이요. 벤치도 없고, 앉아서 쉴 곳이 없어요. 앉으려면 카페에 가야 하거든요. 공원도 없고요. 그 말은 아주 빠르게 움직일 수 있는 사람만이 바깥에 나올 수 있다는 의미예요. 쉴 공간이 필요해요. 돈 안 내고 갈 수 있는 곳으로요. 제가 다리가 불편해서 조금 절은 적이 있었는데, 이 사회가 얼마나 스피디한 구조로 구성돼 있는지 알겠더라고요.

설계하고 계획하는 사람들의 배려와 경험이 중요할 것 같아요.

설계자들이 그런 걸 고려할 줄 알아야 해요. 저는 사실 설계하는 사람들이 미적 감각이 뛰어나야 한다고 생각하지 않아요. 오히려 감성적으로 예민한 사람이 설계를 잘할 수 있다고 생각해요. 이 공간을 만들었을 때 사용자가

어떤 기분이 들까, 바깥에 있는 사람이 이곳을 보고 어떤 기분이 들까 생각하는 거죠. 그런 것에 대해 예민하게, 다른 사람보다 깊이를 볼 수 있는 사람이 잘하는 거죠. 비례감이 좋고 색감이 좋고는 그 다음의 문제거든요.

실제로 작업을 하면서 책으로 배운 것과 다르다고 느끼는 부분도 있을 것 같아요.

엄청 다르죠. 학교에서는 결과물을 가르치잖아요. 이게 제일 좋은 거라고 보여주면서요. 그런데 학교는 만드는 과정은 안 가르쳐주죠. 이렇게 만든 게 좋은지는 알 수 있지만, 이걸 위해서 시의원이랑 교육부 공무원은 어떻게 설득해야 하는지는 알 수 없으니까요(웃음). 예산을 어떻게 짜야 하는지 같은 것이요. 그러니까 결국에는 다른 사람하고 어떻게 일을 해야 하느냐는 문제인 거죠. 사회가 움직이는 것은 사람끼리 함께 일하는 문제와 밀접한데, 이런 관계성에 대해서는 아무도 알려주지 않잖아요. 저도 좌충우돌하면서 배웠어요. 건축 공부한 지 30년 됐는데 전반부 7~8년은 학교에서 관련 지식을 배웠고, 나머지 22년은 어떻게 현실화할지 배우는 과정이었어요. 앞에 7~8년 동안 엄청나게 잘하던 친구들이 그 뒤로 점점 나가떨어지는 경우도 허다하죠. 거북이가 해변에서 알을 낳을 때, 200마리가 나오면 바닷가까지 가는 건 몇 마리 안 되잖아요. 그런 수준이에요. 치열한 거죠. 상처받고, 해결 방법도 찾기 어렵고요. 무엇보다 일단 기회도 안 주니까요. 저는 그나마 운 좋게 한 계단 한 계단 길이 열려서 왔는데 그 과정이 정말 어려웠어요. 다른 분야도 다 그렇겠죠. 기득권 세력도 크고요. 미리 자리를 잡고 자기 밥그릇 안 뺏기려는 사람들도 많아요.

그런 문제는 세대 교체가 되어야 해결될까요?

세대가 교체된다고 바뀔까요? 그렇다기보다 건축을 보는 국민의 안목이 높아지는 게 우선해야 한다고 봐요. 우리나라 같은 경우 일반인이 건축을 공부할 수 있는 기회가 거의 없어요. 그러니까 건축을 보는 눈이 낮을 수밖에 없거든요. 어려서부터 문제점들이 바뀌어야 하는데 학교 건물부터 안 좋잖아요. 그나마 눈뜨기 시작한 건 여행자유화와 함께 사람들이 해외 건축물을 보기 시작하면서부터 같아요. '어? 우리나라 건축은 왜 이래?' 같은 질문을 하게 된 거죠. 문제의식이 시작된 거예요. 그런데 아직 해결할 수 있는 방법은 없는 상태죠. 나아질 거라고 봐요. 대한민국 예능 프로그램에 건축가가 출연한 것 자체가 건축을 가깝게 느끼기 시작했다는 거니까요. 관심이 생기면 그쪽으로 돈을 쓰기 시작하고, 돈을 쓰면 사람들이 모이기 시작하죠.

건축이란 분야가 대중과 거리가 있는 주제이긴 해요. 사람들이 건축에 대한 안목을 높였을 때 얻을 수 있는 이점은 뭘까요?

일단 우리가 행복하고 화목해지겠죠. 건축 공간은 사람들에게 영향을 끼쳐요. 보이지 않는 손인 거죠. 우리를 조종하는 건데, 예를 들어 말단 사원의 옆이나 뒷자리에는 자기보다 높은 사람이 있거든요. 그럼 열심히 일할 수밖에 없어요. 공간의 구조적인 영향을 받는 거죠. 어떻게 돈을 써야 행복한지 고민하는 게 건축가의 의무이고 역할이에요. 벽, 지붕, 계단을 똑같이 만들어야 하는데 여기에 뚫느냐 저기에 뚫느냐에 따라 아주 달라지잖아요. 우리는 기본적으로 그런 중요성을 풍수지리를 통해서 알고 있어요. 그걸 현실에 어떻게 적용할지가 행복과 연결되는 거죠. 하지만 우리는 체계적으로 경험해본 적은 없어요. 제가 보통 비전공자가 많이 보는 책을 쓰는 이유도, '여러분이 행복해지기 위해서는 건축이 이래야만 한다.'를 보여주기 위한 것도 있어요.

우리 주변에서 이런 걸 경험하기는 쉽지 않으니까요.

우리 사회는 경제가 중요하다는 사실을 다 알아요. 경제가 사회에 영향을 미친다는 건 마르크스를 비롯해서 많은 학자들이 학문으로 정립했잖아요. 그런데 건축이 사회적으로, 경제적으로 어떻게 영향을 미치는지는 지금까지 경험해보지 못한 거죠. 우리나라 건축가를 떠올렸을 때 한두 명밖에 생각나지 않아요. 그건 사람들이 이 분야에 대해서 관심이 깊지 않다는 증거이기도 해요. '건축'이라고 했을 때 딱 떠오르는 건축가가 적어도 20명은 되어야 해요. 한두 명밖에 없다는 얘기는 질적으로 죽은 비즈니스라고 보는 거죠. 바람직하지 않아요.

수요가 없는 거겠죠?

수요라면 사실 우리나라만큼 부동산에 관심이 많은 나라가 또 어디 있어요(웃음). 온 국민이 부동산만 생각하는데요. 그런데 부동산으로 재산을 늘리겠다는 생각만 하지 내가 좀더 행복해져야 한다는 생각은 하지 않아요. 숫자만 늘릴 생각을 하는 거죠. 그게 좀 바뀌어야 해요. 그런데 확실히 좀 나아지고는 있어요. 이 '나아지고 있다'는 것을 어떻게 알 수 있냐면, 사람들

런데 우리는 바비큐 하려면 펜션으로 가야 되거든요. 뭘 하려면 돈을 내고 빌리는 거예요.

고층 아파트가 다닥다닥 모여 있는 모습이 우리나라의 대표적인 주거 형태예요. 땅이 좁아서 그렇다는 얘기를 들은 적이 있어요.

똑같이 땅이 좁은 싱가포르를 볼게요. 싱가포르의 아파트와 비교하면 저는 싱가포르에서 더 살고 싶어요. 땅의 면적 문제가 아니라 우리나라 시스템 문제인 거죠.

바뀔 수 있을까요? 건축이란 건 시간이 아주 오래 걸리는 일이잖아요.

힘들어 보이긴 해요.

우리나라에는 아파트 문화가 강하게 자리 잡고 있는데, 많은 사람들이 아파트 거주로 인한 단절에 대해 고민하고 염려해요.

예전처럼 다시 골목골목에 집이 생긴다고 해서 사람들이 이웃과 친하게 지낼 거라고 생각하진 않아요. 60년대에 그런 풍경이 연출될 수 있었던 이유

이 인스타그램을 많이 하잖아요. 카페에 가서 사진을 찍어 올려요. 내가 좋아하는 공간, 내가 머무는 호텔 같은 사진을 많이 찍는데, 자신의 행복도가 건축 공간과 긴밀하게 연결되어 있다는 것을 점점 느끼기 시작한 거죠. 이런 모습을 보면서 사회가 바뀌어 나가고 있구나, 느껴요.

사람마다 여행을 다니면서 가장 많은 비용을 들이는 부분이 다 다르잖아요. 저는 개인적으로 숙박에 가장 많은 돈을 들여요. 제가 지금 사는 집이 비좁아서 그런 것 같기도 해요(웃음).

자신이 기거하는 곳에서 심리적 안정감을 느끼는 것은 인간의 본능이에요. 현실에서 안 되니까 이동해서라도, 단기간이라도 좋은 곳에서 머무는 거죠. 점점 사람들의 공간은 열악해지고 그래서 카페를 많이 가요. 저렴하게 5천원만 내고 공간을 쓸 수 있으니까요. 공간에 대한 욕구는 있으니, 빌리는 쪽으로 가는 거예요. 우리나라에 각종 방 문화가 발달한 것도 그런 이유죠. 집에서 해결이 안 되니까요. 미국 저 멀리 뉴저지에서 마당 있는 주택에 사는 사람들은 다 할 수 있어요. 바비큐를 굽고 싶으면 하면 돼요. 그

는 우리가 농경 사회에 있었기 때문이에요. 농경 사회에선 옆집 사람들과 사이좋게 지내야만 해요. 냉장고도 없으니 나눠 먹고, 노동을 하려면 힘을 합쳐야 하니까 어울려 사는 데 익숙했죠. 석유를 기반으로 한 산업화 사회는 분야가 세세하게 나뉘어 있어요. 그런 사회가 되었기 때문에 이제는 아파트가 좀더 적합하죠. 다만 아파트에는 두 가지가 결핍되어 있어요. 하나는 개인이 경험할 수 있는 자연이 없어요. 정원이나 마당처럼 사적인 외부 공간이 없는 거예요. 예전에는 속옷바람으로 마당에 나가 자연과 일대일로 만날 수 있었는데 지금은 등산복을 입고 나가야만 해요. 길거리나 공원으로 나가야 자연을 만날 수 있는 거예요. 공공의 공간이기 때문에 본연의 내 모습이 아니라 한 꺼풀 쓰고 나갈 수밖에 없어요. 1차적으로 우리의 본능과 맞지도 않고, 아파트에도 개인이 혼자서 만날 수 있는 자연이 필요해요. 하늘을 볼 수 있는 공간이요. 싱가포르 아파트가 그래요. 집집마다 발코니와 테라스가 있어요. 외부 공간에 테라스가 있을 때 비율이 중요하거든요. 10제곱미터짜리 외부 공간이 있다고 가정하면 3.3미터 곱하기 3.3미터여야 하는데, 우리나라는 1미터 곱하기 10미터예요. 빨래 너는 일 외에

는 쓸 데가 없죠. 베란다가 무의미해요. 마주 보고 차를 마실 수도 없고요. 만약 비율을 3.3 곱하기 3.3으로 정했다면 아무도 발코니 확장을 하지 않을 거예요. 그런데 이렇게 쌓아 올리면 하늘이 안 보이잖아요. 그래서 지그재그 형식으로 테라스에 위치해야 하는데 법률상 어려운 부분이 있죠. 건축 법규만 조금 풀어져도 우리나라도 모두 외부 공간을 가질 수 있을 거예요.

그 다음 결핍은 뭔가요?
가족하고의 단절이 심해요. 타인의 시선에서 벗어나 개인적인 공간을 갖는 건 의미가 있죠. 그건 괜찮아요. 그런데 우리 집 식구들하고도 멀어지는 건 문제가 있잖아요. 아파트에는 방에서 방으로 바라보는 구조가 없어요. 한옥은 마당을 통해서 내 방에서 사랑방을 들여다볼 수 있거든요. 그래서 제가 특허를 하나 냈어요. 아파트에서 거실 쪽으로 창문을 내는 아파트요.

그런 경험이 없어서 그런가, 상상이 잘 안 가요.
방에 있을 때 창문을 열면 거실이 보여요. 우리 아들 방에서 창문을 열면 또 그곳까지 쫙 보이는 거죠. 그러면 집도 훨씬 넓어 보이고 얼마나 좋겠어요. 그런 부분이 부족한 편이에요.

좋은 건축의 의미라고 말씀하신 부분이 특허와 연결돼 보이기도 해요.
사람과 사람을 소통하게 만들고 화목하게 만드는 거죠. 공간 구성이 인간에게 영향을 주는 만큼 행복할 수 있게 하고 싶었어요. 그런데 아들을 감시하려는 거 아니냐, 이런 의견도 있는데(웃음), 그걸 원치 않으면 그냥 아들이 문을 닫으면 되는 거예요. 상호 동의 하에서 볼 수 있는 거니까요. 불투명한 창으로 디자인하면 잘 안 보여서 사적인 공간을 유지할 수 있고요. 선택권이 늘어나는 거예요. 벽으로만 되어 있는 것과 창문이 있는 벽은 다르잖아요. 채널이 한 개인 TV와 두 개인 TV가 다른 것처럼요. 하나가 더 있으면 조금 낫잖아요. 우리의 공간은 그래야만 하거든요. 창문이 있으면 네 가지의 경우가 생겨요. 안방과 거실의 소통, 공부방과 거실의 소통, 안방과 거실과 공부방의 소통, 그리고 모두 단절된 경우. 그런데 벽만 있으면 한 가지 경우밖에 없죠. 경우의 숫자가 네 배가 느는 거니까요. 우리는 워낙 창문이 바깥으로만 향해 있는데, 방 안에서 거실을 보면 외부 공간을 바라보는 느낌도 들 거예요.

스웨덴에 갔을 때 테라스 문화에 놀란 기억이 있어요. 집마다 테라스가 있는데, 저마다 예쁜 꽃과 테이블로 꾸며놓았더라고요. 그 모습을 보고 상상을 했어요. 저기서 누가 차를 마시겠다, 누구는 책을 읽겠다, 하면서요.
도시의 풍경이 달라지죠. 그게 우리나라 도시와 다른 점이에요. 그 안에 담긴 삶이 드러나야 하거든요. 빈 테이블만 봐도 그 테이블이 주는 상상이 있잖아요. 차 마시고 여유롭고 행복한 기억들을 우리가 전해 받는 거죠. 공간의 풍경도 행복한 장면이 연상되는 풍경이 되어야 하는데 우리는 전부 유리창이잖아요. 그러니 아무것도 없죠. 안에 있는 사람들의 모습이 밖으로 드러나지 않으면 삭막해 보여요. 사무실과 다를 게 없잖아요. 홍콩의 안 좋은 동네에 가더라도 빨래만 보면 풍경이 정겨워 보여요. 그 사람들의 삶의 모습이 보이니까요.

교수님의 저서 《도시는 무엇으로 사는가》에는 건축적인 현상에 '왜'를 넣는 것 같았어요. 육하원칙에서 가장 근본적인 질문과 가까워지는 게 '왜'예요.
호기심이 늘 있었어요. 자연스러웠죠. 겉으로 드러나는 현상보다는 보이지 않는 것, 숨겨진 걸 상상하는 게 좋았어요. 보이지 않는 것에 의해서 보

이는 것이 만들어지는 것 같더라고요. 건축 설계를 할 때도 보이는 건축 모양보다도 그 안의 사람들 관계에 관심을 가진 거죠.

오늘 이야기를 듣다 보니 교수님은 사회 속 결핍이나 부족함에 관심이 많으신 것 같아요. 사실 유복한 환경에서 좋은 교육을 받고 자랐는데 이런 생각을 어떻게 하게 됐는지 궁금하기도 해요.
겉으로 봤을 때는 제가 풍요로워 보일 수 있죠. 실제로 부모님이 저에게 아낌없이 베푸시기도 했고요. 그런데 저는 제가 항상 소외된 사람이라고 느꼈어요. 많은 친구들하고 떼로 모여서 지내는 게 불편한 사람이었거든요. 혼자가 편안했죠. 당시 사립학교를 다녀 스쿨버스를 타고 다녔는데, 그 안에서 '한쪽 구석에다 방을 만들어서 혼자 있고 싶다.'는 생각을 했어요. 지극히 개인주의적인 성향이었던 거죠. 그 개인주의적인 성향 때문인지 반장을 도맡아 했으면서도 큰 역할을 하는 것 같진 않았어요. 대세는 아닌 것 같다는 말이죠. 동떨어진 느낌이랄까요.

그래서 관찰하는 일도 자연스러웠나 봐요.
사실 지대한 영향을 끼친 건 집안 분위기였어요. 화목하지 않았거든요. 정확히는 화목하지만 화목하지도 않았어요. 무슨 말이냐면 저희 집에 시어머니가 살았거든요. 저의 친할머니요. 할머니도 절 사랑하고 아빠도 저를 사랑하고 엄마도 저를 사랑하는데 셋이 있으면 묘하게 갈등이 있는 거예요. 아주 묘하게. 그 안에서 내가 어떤 역할을 해야 그들이 화목해지는지 항상 생각했어요. 좋은 성적을 올리거나 사생대회에서 상을 받거나 반장이 되거나 하면, 모두 행복해져요. 하지만 제가 역할을 못하면 어느 부분엔가 갈등이 있어 보이더라고요. 제가 어떻게 행동하느냐에 따라 갈등이 해소되는 걸 봤기 때문에 건축에서도 그런 역할을 하고 싶은 걸지도 모르겠어요. 이야기를 하다 생각난 건데, 제가 저희 집에서만 지냈다면 그런 분위기에 함몰되었을 것 같기도 해요. 그런데 저희 옆 옆집에 저랑 아주 친한 친구가 살았어요. 엄마, 아빠, 딸 셋이 사는 집이었는데 그 집이 그렇게 화목했어요.

시어머니가 안 계신 거잖아요(웃음).
그렇죠. 여행도 잘 다니고 부부끼리 외식도 나가고. 똑같은 집인데 왜 이렇게 다를까, 계속 보는 거죠. 저는 그 집에서 반, 우리 집에서 반 살았거든요. 거의 그 집 아들처럼. 사람이 어떤 위치에서 어떤 역할을 해야 하는지 그런 식으로 깨달은 것 같아요. 말하고 보니 우리 집만이 저를 키웠다고 생각했는데 다른 집에 비교 대상을 두고 차이를 느끼면서 성장한 것도 있네요. 두 개의 작은 다른 사회를 경험하면서 관계가 행복을 좌우하는구나 느낀 거죠.

제가 요즘 인터뷰할 때마다 마지막 질문은 늘 똑같이 남기고 있어요. "이 세상엔 OOO이 너무 많다."라는 말의 빈칸을 채워주세요.
잣대가 너무 많다. 잣대가 너무 많아서 항상 무언가를 평가하려는 기준이 너무 많아요. 다 행복하게 살 수 있는데도 말이죠. 어른들이 자꾸 그렇게 만드는 것도 있는 것 같고요.

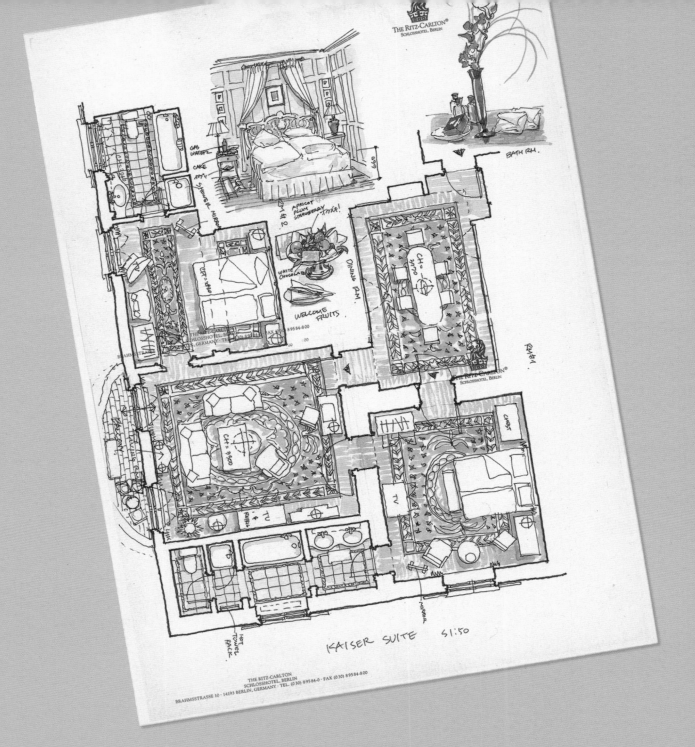

공간을 상상하는 일

도면으로 만든 하루

"토목, 건축, 기계 따위의 구조나 설계 또는 토지, 임야 따위를 제도기를 써서 기하학적으로 나타낸 그림." '도면'의 사전적 의미다. 도면은 건축 설계 초기 단계에 완성된 모습을 가늠할 수 있게 도와준다. 가볍고 간지러운 상상을 해보았다.

에디터 **이자연**   자료 제공 **북노마드**

상상을
조금씩 덧대면서

1990년대 초·중반에는 집으로 배달된 신문지 사이에 하얗고 매끄러운 광고지가 잔뜩 섞여 있었다. 대부분 마트에서 진행하는 할인 행사나 우유 배달 홍보 그리고 아파트를 새로이 분양한다는 내용이었다. 나는 그중에서 아파트 분양 광고지를 무척 좋아했는데, 평수별로 그려진 도면을 보는 게 재미있었기 때문이다. 크고 작은 평수마다 방의 개수, 위치, 베란다 개수, 거실 넓이 등이 달라서 그곳에서의 삶을 머릿속으로 그리는 게 퍽 즐거웠다. 나는 여느 아이들처럼 낯선 세계에 흥미를 느끼고 공상에 빠지는 걸 즐겼는데, 특히 '집'이라는 공간의 특수성은 어린아이가 친근한 구상을 하기에 적합했다.

있는 거라곤 말 그대로 공간의 구조뿐이다. 오로지 선과 면으로 구성된 무채색 도면으로 떠올리는 집에 내가 가장 좋아하는 것들을 들여놓는 생각을 하면 기분이 좋아진다. 아침 햇볕이 살포시 퍼지는 레이스 커튼과 오동나무(오동나무의 특성을 잘 모르지만 왠지 이름을 발음할 때 튼튼할 것만 같다)로 만든 짙은 고동색의 옷장을 넣고, 언니와 내가 꼭 갖고 싶어 하던 2층 침대를 두는 것처럼 말이다. 상상을 조금씩 덧대면서 내가 살고 싶은 집이 완성된다. 너무 넓어서도 안 되고, 지나치게 좁아서도 안 되는 나만의 공간 선호도가 그때부터 구축된 것이다.

도면은 건축 설계를 돕는 도구로 완성된 상태지만, 그곳에서의 삶과 생활 방식, 습관 등을 추측하게 하니 부족한 상태인 것이다. 이렇게 두 얼굴을 가진 도면을 보면서 나는 어릴 적 하던 대로, 공상을 조금씩 덧대보기로 했다. 완성과 미완성 그 사이에 있는.

여행의 공간
우라 가즈야 | 북노마드

'호텔'은 수많은 건축물 중에서도 낯섦과 가장 직결된 공간이다. 여행이나 이동, 변화는 일상에서 벗어나 특별한 하루를 선물하기 때문이다. 일본의 건축가 우라 가즈야는 전 세계 호텔을 돌아다니며 호텔의 모습을 도면화한 기록을 남겼다. 호텔의 구조나 그 속에 담긴 역사, 에피소드 등을 담고 있어 여행의 즐거움과 공간의 미학을 동시에 누리게 한다.

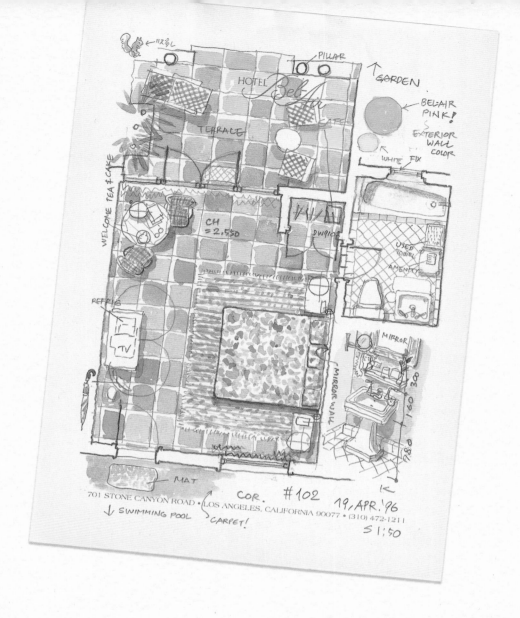

로스앤젤레스에 위치한 이 호텔은 어쩐지 볕과 풀이 한데 어울리는 공간이었을 것만 같다. 바깥 풍경과 연결된 테라스에선 직선으로 내리쬐는 햇빛이 조금 강해서 꽤 많은 돈을 주고 산 근사한 선글라스를 꺼내 쓸 것이다. 햇볕을 받아 따뜻해진 비치 베드에 앉아 아주 시원한 아메리카노를 두 입 정도 마시고 얼음도 아작아작 씹어 먹으면 더할 나위 없이 좋겠다. 바람은 어쩐지 꽤 차서 바람이 불 때마다 차가운 느낌이 어깨 위로 올라올지도 모른다. 그러면 다시 방으로 가 알록달록한 이불 속으로 푹 들어가면 된다. 아직 오전 10시. 오랜만에 맞이한 휴일인 만큼 시간을 잔뜩 낭비해도 좋다. 다시 누워서 핸드폰을 몇 번 만지다가 야트막하게 잠에 들 것이다. 배가 조금 고파질 때 그제야 오늘 입을 옷을 생각하는 임무 외에는 별다르게 바쁠 것 없는 하루. 이 호텔에서 보내는 날은 그런 하루였으면 좋겠다.

MUSIC FOR HERE
'시아'의 'Snowman'. 이 노래를 틀고 바람에 나부끼는 커튼을 보면서 나갈 준비를 위해 이를 닦으면 얼마나 평화로울까. 더는 없을 평온일지도 모른다.

서울의 그랜드 하얏트 호텔의 도면이다. 어쩐지 익숙한 복주머니가 정겹다. 요즘에는 '호캉스Hocance'라고 호텔에서 보내는 휴식을 즐기는 사람들이 많아졌다. 호텔에서 무얼 하느냐 물으면 그냥 쉬면 된다는 답변이 돌아왔다. 미적거리면서 티브이를 보다가 맛있는 걸 시켜 먹고, 라운지 바에서 술도 한잔 하고, 수영장이 있으면 수영을 하며 노니는. 공간마다 개별적인 목적이 있다고 했을 때 호텔이라면 분명 하루를 마무리하며 머무는 일, 몸을 누이는 일이 전부라고 생각했다. 하지만 이제는 그저 스쳐 가는, 그러니까 나의 조용한 시간을 호텔에 맡기는 경우가 많아진 것이다. 그러니 서울의 그랜드 하얏트 호텔을 찾게 되면, 나는 먼저 룸 서비스를 잔뜩 시킬 것이다. 그게 얼마인지 고민하는 일은 내일의 몫이다. 계산은 일단 접자. 호캉스가 나의 시간과 편안함을 소비하는 것이라면 가만히 앉아서 얻을 수 있는 모든 편안함을 누리고 가야지. 룸 서비스가 마음에 들지 않으면 배달의민족으로 엽기떡볶이를 시켜 먹으면 된다. 나는 소시지와 치즈를 추가할 것이다. 넙적당면이 없어서 아쉽지만. 호캉스 생각보다 괜찮은데?

MOVIE FOR HERE
허정 감독의 〈숨바꼭질〉. 원래 맛있는 거 가득 채워 두고 평소에 못 보는 아주 무서운 영화를 보는 거야말로 진정한 스트레스 해소법이다. 나홍진 감독의 〈곡성〉도 괜찮다.

OLATHANG HOTEL
(A Unit of Bhutan Tourism Corporation Ltd.)

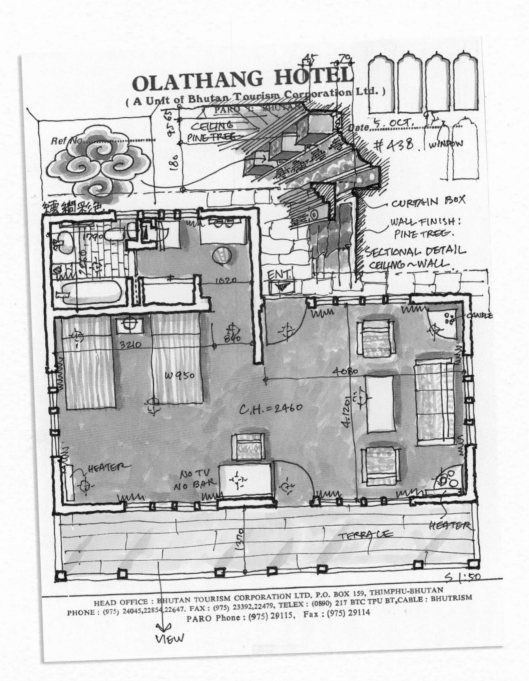

PARO · BHUTAN

Ref No.

Date 5. OCT.

438 . WINDOW

CEILING
PINE TREE

CURTAIN BOX

WALL FINISH :
PINE TREE.

SECTIONAL DETAIL
CEILING ~ WALL

ENT.

CANDLE

1790

1620

3210

W 950

C.H. = 2460

4080

4120

HEATER

NO TV
NO BAR

HEATER

1370

TERRACE

S 1:50

VIEW

HEAD OFFICE : BHUTAN TOURISM CORPORATION LTD, P.O. BOX 159, THIMPHU-BHUTAN
PHONE : (975) 24045,22854,22647. FAX : (975) 23392,22479, TELEX : (0890) 217 BTC TPU BT,CABLE : BHUTRISM
PARO Phone : (975) 29115, Fax : (975) 29114

부탄에 위치한 어느 호텔. 이국적인 느낌이 그대로 담긴 벽지나 조각 모양이 인상적이다. 아마 익숙하지 않지만 금세 적응할 특유의 향기도 흘러나올 것 같다. 나중에 어디선가 비슷한 향기를 맡으면 이곳을 자연스럽게 떠올리게 될 그런 향기. 도면을 자세히 들여다보면 티브이도 룸 바도 없다. 방 안에서 즐길 수 있는 것은 온전히 내가 가져온 무언가들뿐일 것이다. 하지만 그게 꼭 이 공간과 완전히 개별적인 활동이라곤 할 수 없다. 일기를 쓰고, 사진을 찍고, 동영상을 촬영하는 등 오늘의 언저리를 기록하는 것은 결국 이곳에 왔기 때문에 가능한 일이다. 이 호텔에서는 슬리퍼보다는 편안하게 맨발로 슬렁슬렁 걸어 다니고 싶다. 창밖에서 들어오는 소리를 너그러이 받아들일 것이다. 소음도, 노랫소리도, 말소리도 다 좋다. 모나지 않고 따뜻한 공간이니까.

BOOK FOR HERE
수전 손택의 《다시 태어나다》. 그녀의 삶이 그대로 담긴 일기를 보면서 내가 지나온 나날, 그리고 앞으로 맞이할 나날을 조용히 가늠하고 싶다.

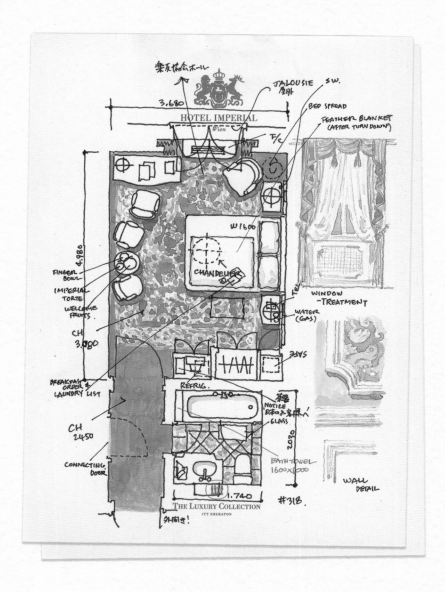

커튼 빛깔이 인상적인 방. 이유 모르게 비엔나의 어느 호시절이 떠오른다. 음악과 미술을 사랑하는 도시가 공간으로 탄생하면 이런 푸른빛을 나타내지 않을까. 무엇보다 섬세한 핑거 보울과 웰컴 푸르츠까지 이 방이 나의 머묾을 받아주는 느낌도 적잖게 느껴진다. 벽마다 새겨진 조각을 보니 이곳을 가득 채우기 위해 노력하고 시간을 할애한 어떤 사람들의 손길과 눈빛이 떠오른다. 사람 곁에 사랑을 듬뿍 받아 온 공간이 갖는 기운이 느껴지는 것이다. 창밖으로 무엇이 보일까. 확신할 순 없지만 아마 사람들의 해사한 미소가 보일 것이다. 이것만으로도 만족스러워 더는 부러운 게 없는 이들의 미소. 유독 많이 걸은 날, 발도 아프고 몸이 피로해서 그날의 일정을 다 소화하지 못하고 돌아온 오후를 상상한다. 얼핏 느지막한 오후의 모습이 창밖으로 보이고, 노곤한 몸을 푹신한 침대로 뉠 때 느껴지는 안정감. 원하는 때 원하는 곳에서 쉴 수 있다는 것이 얼마나 큰 기쁨인지 우리는 잘 안다. 바쁜 사회에서 분과 초로 하루를 구획하던 때라면 더욱이.

ACTIVITY FOR HERE
여행을 떠나 차차 깨우쳐가는 것은 어떤 방식으로든 시간은 흐른다는 점이다. 세상에서 가장 공평한 사실일지도 모르겠다. 가벼운 우울감이 찾아올 즈음에 나한테 편지를 써보면 어떨까.

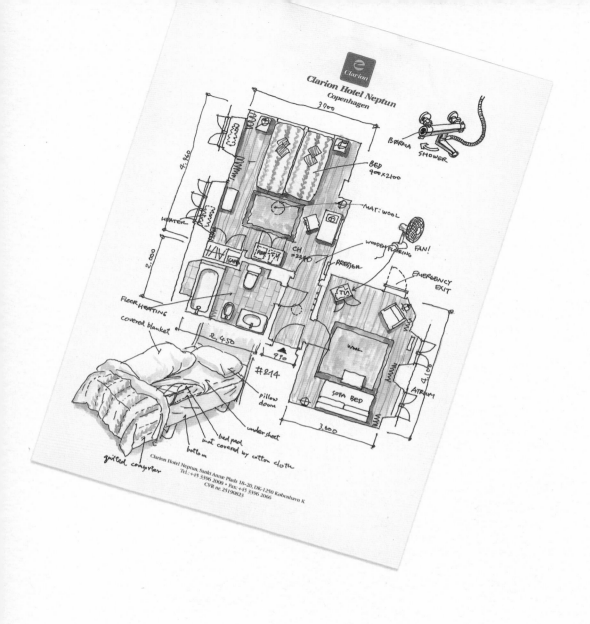

침구의 무늬부터 바닥재까지 북유럽의 섬세하고 다정한 감성이 그대로 느껴진다. 코펜하겐에서 오랜 시간을 보낸 이름 모를 시인이 어떤 마음으로 글을 쓰기 시작했을까, 이 방에서 괜한 질문을 하게 될 것 같다. 맨발로 움직이고 싶다. 그러면 바닥에서 삐거덕거리는 날 것 그대로의 소리를 들을 수 있을까. 아직 완전히 깨지 않은 얼굴을 하고 기지개를 켜면서 커튼을 활짝 열고 싶다. 우중충한 하늘도, 맑은 하늘도 좋으니 코펜하겐에서 맞이하는 아침을 느끼고 싶어라. 그러다가 얇은 추위에 몸을 둥글게 말아서 소파베드로 갈 거다. 맨발을 비벼 내 살결을 느끼면 그제야 비로소 내가 이국에 있다는 사실을 실감하겠지. 좋아하는 라즈베리와 블루베리를 사와서 부드러운 요거트에 넣어 촉촉이 먹고 싶다. 그때는 꼭 종이 지도를 꺼내서 오늘의 일정을 확인할 거다. 조용한 틈새로 창밖 사람들의 웃음소리나 말소리가 들리고, 일면식 없는 이들에게서 안온함을 느끼는 아침이라면, 어떨까.

MOVIE FOR HERE
테아 샤록 감독의 〈미 비포 유〉. 두 주인공의 진득하고 섬세한 감정 변화가 코펜하겐의 다정함과 잘 맞닿을 것 같다.

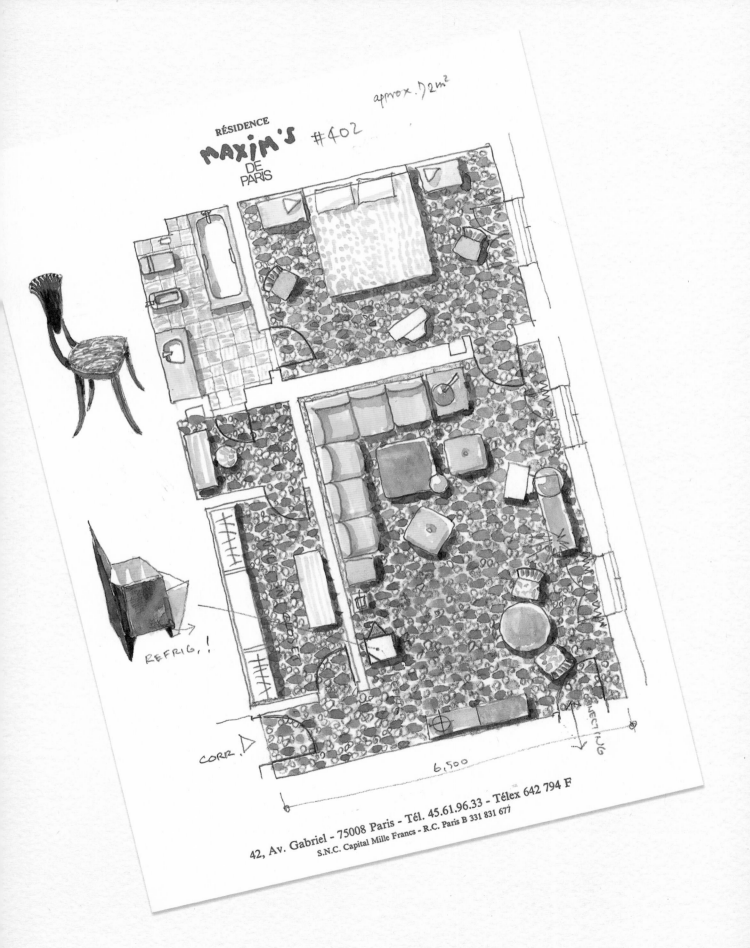

RÉSIDENCE
maxim's #402
DE PARIS

approx. 72m²

REFRIG.!

CORR.

6,500

42, Av. Gabriel - 75008 Paris - Tél. 45.61.96.33 - Télex 642 794 F
S.N.C. Capital Mille Francs - R.C. Paris B 331 831 677

파리에 위치한 호텔에서는 새벽의 냄새가 날 것 같다. 모든 생명이 잠에 들고 온전히 숨 쉬는 일에만 집중하는 시간. 어떤 이는 밤을 쪼개 고민을 하고, 어떤 이는 새벽 달을 보면서 사랑을 그릴 것이다. 다양한 감정이 파리의 호텔 어느 방으로 저도 모르게 새어 들어올지도 모른다. 그래서인지 파리에서 머무는 호텔이라면 밤을 생각하게 된다. 뜨거운 물을 받아서 평소에는 잘 하지도 못하는 거품 목욕도 해보고, 가운을 입고 나와 길고 푹신한 분홍색 소파에 몸을 죽 누이는 것까지. 두세 종의 치즈와 저렴한 레드 와인도 곁들이는 시간이라면 좋겠다. 목욕 거품 뒤에 몸에서 아직 채 뜨거운 기운이 가시지 않은 상태에서 뽀송뽀송한 얼굴을 보며 나르시시즘 비슷한 엉뚱한 감정에 빠져도 왠지 나쁘지 않을 것 같다. 덤으로 카메라 어플로 셀카도 몇 장 찍고 난 뒤에 잠이 솔솔 오는 조용한 노래를 틀고 일기를 쓰는 것도. 하루를 마무리하는 각자의 의식이 있을 테니 이 호텔에서 맞이하는 방법은 저마다 다를지도 모르겠다.

MUSIC FOR HERE

'카를라 브루니'의 'La Noyee'. 그녀의 둥글둥글한 목소리를 들으면 세상을 감상하는 방법이 조금 더 세련되어지는 느낌이 든다. 계속해서 관찰하고 지켜보고 사랑하는 마음처럼.

참기름 방앗간의 진화

연남방앗간

연남동의 많은 상점들은 저마다 특별해서 때때로 더는 특별하게 보이지 않는다. 그러나 '단독주택을 개조해서 만든 카페'라는 흔하디 흔한 콘셉트에 질려버린 사람에게 마저, 이곳은 여전히 매력적인 공간이다. 오래된 건축이 가진 역사성, 그리고 그곳을 채우는 기획의 힘. 그들은 지금 방앗간의 상상력으로 한 도시 전체를 움직이려 한다.

에디터 김건태 포토그래퍼 안가람

연남방앗간을 언급하기에 앞서 어반플레이 이야기 먼저 해야 할 것 같아요. 어반플레이는 어떤 그룹인가요?

어반플레이는 도시 콘텐츠를 만드는 전문 미디어예요. 도시재생 스타트업이라고 부르기도 하는데, 전국의 로컬 플레이어의 콘텐츠를 모아서 알리는 역할을 해요. 대중적인 영향력을 창출할 수 있는 플레이어를 찾아서 알리고, 한데 묶어서 지역에 뿌리내리고 활동할 수 있도록 기반을 마련하죠.

일반적으로 미디어라 함은 매체가 필요한 일이잖아요? 연남방앗간처럼 공간을 미디어로 한데 묶는 게 조금 생소했어요.

저희는 미디어 채널을 네 개로 구분해서 운영하고 있어요. 웹 기반 온라인 매체, 인쇄 매체, 그리고 공간도 하나의 미디어로 보는 거예요. 가령 한 달 방문객 수가 만 명이라고 한다면 이 공간은 만 명에게 노출되는 미디어인 셈이죠. 지역의 창작자와 장인들을 알리는 공간 미디어로 작동하는 거예요. 마지막으로 도시 역시 커다란 미디어로 작동할 수 있겠죠. 대표적인 도시 미디어 사례로 '연희 걷다' 프로젝트를 들 수 있겠네요.

'연희 걷다'는 어떤 프로젝트인가요?

올해로 4년째 진행 중인 로컬 프로젝트예요. 연희동의 소규모 갤러리나 카페, 소상공인의 공간을 모아, 일정 기간 동안 문화 프로그램과 전시를 진행하고 있어요. 최근에는 연희동을 대표하는 사러가 마트와 피터팬 제과점도 함께 참여하게 됐어요.

한 동네에 점점이 흩어져 있던 걸 선으로 연결하는 작업이네요. 새로운 로드맵을 제시하는 일이기도 하고요.

처음에는 갤러리 세 개를 연결해서 진행했는데, 그 후에 작가분들의 자발적 도움으로 더욱 풍성해지게 됐어요. 지금까지는 아티스트를 기반으로 한 프로젝트였다면 올해부터는 조금 더 소상공인의 콘텐츠를 강화하려고 해요.

다시 연남방앗간으로 돌아와 볼게요. 이름이 직관적인데, 이곳은 어떤 공간인가요?

동네에서 사라져가는 공간에 대한 새로운 형태의 해석이라고 보시면 될 거 같아요. '아는 동네 프로젝트'라고 해서 매거진과 온라인 미디어를 주로 활용하는데, 그 연장선상으로 공간을 활용한 첫 번째 프로젝트예요. 옛날 방앗간은 동네의 사랑방 역할을 주로 했어요. 바로 그런 기능을 재해석해서 사람들이 찾아올 수 있는 공간으로 만들어보고자 시작하게 됐죠. 이름 그대로 장인들과 협업한 고퀄리티의 참기름을 판매하기도 하고, 참기름을 기반으로 하는 메뉴 개발을 함께 진행해요.

첫 번째로 방앗간을 선택한 이유가 있나요?

꼭 방앗간이어야 했던 건 아니지만 사람들이 모일 수 있는 공간의 상징성이 있었어요. 세탁소에 앉아서 수다를 떠는 것보다는 자연스럽잖아요. 처음에는 목욕탕도 생각했는데, 실제로 이용하기에는 여러 가지 한계가 있었죠.(웃음).

기획 후 어떤 과정을 거쳐 이곳에 자리 잡게 됐나요?

어반플레이가 콘텐츠 기업이다 보니 콘텐츠를 먼저 수립하고 공간을 찾으려 했어요. 가능하면 동네에 유명한 방앗간이 없는 곳으로 선택했는데, 운이 좋게도 이곳의 원래 주인분이 저희 취지에 공감해주셔서 비교적 수월하게 진행할 수 있었죠. 마침 전통 시장 도슨트이자 참기름 소믈리에였던 분이 합류해 함께 작업하고 있어요.

참기름이라는 방앗간 본연의 목적 외에 사랑방 기능을 위해 어떤 콘텐츠를 활용하나요?

디자이너와 예술가의 작품을 전시해 그들이 대중과 편하게 만날 수 있는 접점을 마련했어요. 연남동의 특성상 주민과 방문객이 함께 어우러지는 공간이라고 보시면 될 것 같네요. 과거 소비와 유통의 공간에서 경험의 공간으로 바뀌는 형태를 제안하는 작업이에요.

전시 공간이라고 하지만 입장료가 없어요.

사실 입장료를 따로 받는 게 맞아요. 하지만 유료 입장에 거부감이 있는 손님들도 있어서 카페 기능을 추가해 입장료를 대신하도록 유도하고 있죠.

예술가와 대중, 그리고 소상공인과의 연결이라는 시도 안에 '공생'이라는 키워드가 있다고요.

소규모 콘텐츠는 단지 그 자체만으로는 프랜차이즈나 대기업 자본에 취약할 수밖에 없어요. 연대가 있어야만 살아남을 수 있죠. 우리가 그 무대를 만들어줄 테니 함께 살아남자는 생각을 가지고 있어요.

그런 연대와 공생 안에는 분명한 시사점이 있을 것 같아요. 단순히 공적인 마음 때문에 이 일을 시작했다는 건 추상적인 대답이 될 것 같아요.

좋은 지적인데요. 사실 저희가 하는 프로젝트 때문에 동네가 너무 시끄러워지는 것도 원치 않아요. 첫째는 콘텐츠를 가진 사람들이 다른 것에 휩쓸리지 않고 먹고살 수 있게 하는 거예요. 당장은 동네가 더 유명해지는 게 먼저 보이겠지만 장기적으로는 콘텐츠 기획자가 우대받는 상황을 만드는 것이 목적이에요. 건설사 공급 개발 중심의 도시가 아니라 콘텐츠 중심의 도시로 만드는 거죠.

아무래도 지속 가능성을 이야기할 수밖에 없을 것 같은데, 젠트리피케이션(낙후된 지역이 번성하며 임대료가 오르고 원주민이 내몰리는 현상)에 대한 대안이 있다면요?

우선 건물주를 탓하는 건 제일 안 좋은 일 같아요. 세입자 역시 건물주가 신뢰할 수 있게끔 공간을 사용하는 노력이 필요하겠죠. 우리나라 정서상 세입자와 건물주 간 커뮤니케이션이 없거든요. 그들 역시 시세대로 받고 싶을 거 아니겠어요. 정부 대책은 월세를 못 올리게 하는 데 초점이 맞춰져 있지만 그게 궁극적인 대책은 될 수 없을 것 같고요. 크게는 좋은 콘텐츠를 통해 건물주의 마인드를 바꾸게 하는 작업이 필요하겠죠. 당장 눈앞의 작은 이익보다는 멀리 내다보고 전체적인 공간 가치를 높이도록 하는 거예요.

신뢰를 받는 공간. 그럼 이곳 연남방앗간의 공간적 매력에 대해 이야기해 볼까요.

연남방앗간은 40년 전 옛날 그대로의 모습을 최대한 보존한 곳이에요. 그야말로 아우라가 느껴지는 공간이죠. 전등부터 시작해서 나무 에어컨, 자개장, 벽지, 문 등을 최대한 보존하면서 꼭 필요한 부분에만 손을 댔어요. 공간 자체의 특징이라고 한다면 각각의 방을 20~30명의 창작자가 번갈아 가며 자신의 공간처럼 꾸미고 전시한다는 데 있겠죠. 공예작가, 가구 디자이너, 일러스트레이터, 책의 저자, 푸드크리에이터 등 다양한 창작자가 모여들 수 있는 공간이에요.

공간적 아우라라고 하면 어떤 특정한 요소가 있었던 건가요?

연남동 철길 근처에 단독주택으로 남아 있는 곳이 얼마 없어요. 얼마 안 되는 잘 보존된 집이었죠. 집주인이 바뀌면 계속 무언가가 덧붙여지면서 공간이 조잡해질 텐데, 오래 사신 분이 소중하게 공간을 다룬 느낌이 강했어요. 자개장, 책장, 항아리 등도 다 받아서 사용했고요. 일부러 느낌을 내기 위해 인테리어 요소를 넣은 게 아니라 거의 있는 그대로를 활용해서 더 큰 아우라가 느껴진 게 아닌가 싶어요.

말로는 설명할 수 없지만 오래된 공간 특유의 더께가 느껴져요.

새로운 공간을 기획하는 사람들이 절대 가질 수 없는 게 시간의 흔적, 그게 곧 아우라 같아요. 우리가 할 수 없는 걸 가지고 있는 집이죠.

곁에서 보기에 이곳은 그냥 지나칠 법한 건물이에요. 외부로 난 창이 없고,

정원을 지나 커다란 검은 문을 통과해야 비로소 고즈넉한 실내가 드러나 거든요.

수장고를 여는 듯한 느낌을 주고 싶었어요. 사실 처음에는 뭘 하는 공간인지 물어보는 사람들이 많았어요. 지금은 따로 안내문을 붙여놨죠. 들어오다 보면 한쪽에 행사를 알리는 포스터가 붙어 있어요. 기본적으로 카페가 아니라 문화 공간이라는 걸 시사하려고 했어요.

무려 아홉 개의 포스터가 있더라고요.

방별로 프로그램을 기획하는 프로듀서가 있어요. 축제와 콘텐츠, 도시 인사이트 등 강점이 다른 친구들이 모여 있다 보니 재미있는 기획이 많이 나와요. 하지만 그만큼 색깔이 강해서 내부에서는 대화가 어렵기도 하고요 (웃음).

카페를 빼놓을 수 없을 것 같은데, 이곳만의 시그니처 메뉴가 있나요?

방앗간의 특성을 살려 참깨를 이용한 메뉴를 새롭게 개발했어요. 대표적으로는 참깨 라테와 참깨 아이스크림을 들 수 있는데요. 흑임자와 쌀로 만든 아이스크림 위에 참기름과 참깨를 뿌려서 내고 있어요. '단짠단짠'의 정석이죠.

앞으로의 계획이 있다면요?

'방앗간 토크'나 '방앗간 식탁' 같은 커뮤니티를 위한 이벤트를 열 계획이 있어요. 식음료 전문 스타트업을 위한 토크가 될 거고, 살롱 느낌의 공간에서 이야기할 수 있을 것 같아요.

연남방앗간에서 만날 수 있는
여섯 개의 공간

01 누군가의 미술관 | B1
지하 전체를 하나의 미술관 전시장으로 사용한다. 층고가 낮아서 특유의 분위기가 있으며, 영상 자료실과 아카이브 전시실 등 다양한 전시가 가능하도록 꾸몄다.

02 누군가의 식탁 | 1F
좋은 먹거리 위주의 큐레이션 제품을 소개하는 공간으로 테이블 양옆으로 마주한 거울이 식탁을 무한하게 늘리는 효과를 준다. SNS용 사진을 찍기 위한 포인트 공간.

03 누군가의 작업실: 예술가 | 1F
집주인 할머니의 오래된 자개장을 받아 공간을 꾸몄다. 오래된 자개장의 받침을 테이블로 쓰고, 문을 떼어 천장 구조물로 설치했다. 자개장 안의 작품들 역시 예술가의 작업물이다.

04 중앙 계단 | 1F/2F
1층과 2층을 연결하는 나무 계단이다. 2층 천장까지 시원하게
솟은 층고가 인상적이다. 이벤트가 열리면 2층 계단에 앉아 아
래를 내려다볼 수 있는 구조로 되어 있다. 계단 옆쪽 주철 장식이
특히 매력적이다.

05 누군가의 책방 | 2F
누구나 자신만의 서점을 만들고 싶어 한다는 생각으로 출발한
공간이다. 주제에 맞는 책을 팝업 전시를 하거나 공간을 활용한
다양한 이벤트를 진행한다. 낙서가 새겨진 벽지를 그대로 두어
시간성을 살렸다.

06 누군가의 작업실: 디자이너 | 2F
6개월에 한 번 꼴로 새로운 디자이너의 작품을 전시하는 공간으
로, 현재는 빌라 레코드의 가구와 무니포스트의 그림이 전시되
어 있다. 계절별로 콘셉트에 맞는 작가를 선정해 전시할 계획이
다. 작품의 QR코드를 찍으면 작품 구매 정보를 확인할 수 있다.

연남방앗간
A. 서울시 마포구 동교로29길 34
H. instagram.com/yeonnambangagan
T. 010 8287 8510
O. 화~금 12:00~21:00, 토~일 12:00~22:00, 월요일 휴무

이 곳은 예전에는
어떤 건물이었나요?

유람위드북스와 키아스마

제주도 마을 속에 자리 잡은 '유람위드북스'와 '키아스마'는 간판을 가리면 동네의 다른 집
들과 구분하기 쉽지 않다. 고목처럼, 옛집처럼 자연스럽다. 이런 건물의 문을 열고 들어가
앉아있자면 마음이 조금 편해진다. 자꾸 변하고 있는 제주도라는 섬에게 덜 미안해진다.

글 **정다운** 사진 **박두산**

슈퍼마켓이었던 북카페
유람위드북스

이곳은 어떤 곳인가요? 북카페입니다. 쉬고 싶고 늘어지고 싶을 때, 날이 궂어 여행하기 어려울 때, 조용히 책 보러 오는 곳이지요. 게스트하우스를 운영하던 책 수집가와 바리스타 출신의 인테리어 업자가 만나서 '유람위드북스'라는 이 공간이 만들어졌습니다. 처음에는 책을 보관하기 위한 창고 겸 인테리어 사무실로 쓰려고 만들었어요. 그러다가 그냥 보관하는 것보다는 단 몇 분이라도 책을 보러 오시는 분이 계신다면 함께하면 좋겠다 싶어서 북카페를 시작하게 되었습니다. 이제 꽤 알려졌어요. 이 정도로 잘 될 줄은 모르고 시작했어요. 지금처럼 조용히 책 읽는 분위기는 저희가 의도했다기보다는 오시는 손님들이 만들었습니다. 아이들과 함께 오시는 분도 꽤 많은데 아이들도 조용히 앉아서 시간을 즐겨주어서 어린이 동화책도 가져다 놓게 되었어요. 손님들에 의해서 공간이 변화하고, 자리 잡고 있어요. 손님들이 앉아 있는 시간이 길 것 같아요. 테이블 회전이 전혀 안 되죠. 하지만 회전이 안 되는 게 북카페지요. 북카페 기능을 잘하고 있는 것 같아서 만족합니다. 종일 앉아서 책을 보셔도 음료수 한 잔을 더 드리면 드렸지 절대 눈치 주지 않아요. 같은 맥락으로 멀리서 오셨는데 자리가 없는 경우에도 안에서 기다리실 수는 없어요. 먼저 와서 계신 분들이 신경 쓰일 수 있으니까요. 이런 방침에 불만을 표하시는 분들이 종종 있지만, 이게 '유람위드북스'의 유일한 영업 방침이에요. 만일 여기에 생계가 달려 있었다면 이런 식으로 운영하기 어려웠을 거예요. 주업이 따로 있어서 가능한 운영 방식입니다. 직접 공사를 진행한 건가요? 저희 주업은 인테리어입니다. 구옥을 개조하는 일을 많이 해왔어요. 그중에서도 백지 상태에서 "이 집을 어떻게 해야 할까요?"라고 묻는 분들과 주로 일을 합니다. 같이 의논해서 공간을 만드는 거죠. 답이 없는 집이 좋아요. 실은 이 공간 공사 의뢰가 먼저 들어왔어요. 수리 후 임대할 예정이라고 하시더라고요. 어떻게 고칠지 함께 의견을 모으다가 "우리도 이 정도 크기면 딱 좋겠지."라고 저희끼리 얘기하는 걸 듣고 건물주분이 "두 분 뭐 준비하세요?" 묻더

니 저렴하게 빌려주셨어요. 층고가 높아서 창고였을 거라고 생각했어요. 이전에는 어떤 건물이었나요? 예전에는 슈퍼마켓이었고, 그 후에는 천장이 낮은 개인 주택이었어요. 벽을 없애고 천장을 트고 복층으로 만들었어요. 공간이 재미있어요. 다른 건물 작업할 때는 저희 마음대로 못 하는 부분이 있으니까 답답할 때가 있었거든요. 이 공간을 고칠 땐 하고 싶은 걸 다 할 수 있었어요. 복층으로 만들면서 가운데 계단도 공간의 크기에 비해 넓게 설치했지요. 가장 신경 쓴 부분은요? 안쪽 계단 아래쪽은 그냥 비어 있는 공간이었거든요. 그런데 《해리포터》를 사기로 하면서 계단 아래 자리를 만들었어요. '해리포터석'부터 만들었는데, 정작 《해리포터》 전질은 아직 못 샀어요. 개인적으로는 만화책이 꽂혀 있는 서가를 가장 좋아해요. 저는 정확하게는 '책 수집가'라기보다는 '만화책 수집가'예요. 그리고 《매직아이》, 《월리를 찾아서》 같은 재미있는 책들도 모았고요. 사실 북카페 운영하면서 다른 책에도 관심을 갖게 되었어요. 어떤 공간이 되었으면 좋겠나요? 일을 하면서 즐거워야 한다고 생각하거든요. 저는 지금 즐거워요. 이런 공간을 가지고 있다는 것 자체가 위안이 될 때가 있어요. 이곳에서 만나는 손님들의 반응에 힘을 얻기도 하지요. 그게 저희 주업인 인테리어 일을 하는 데 큰 에너지가 되고 있어요. 그래서 즐거워요. 매니저 월급 나오고 한 달에 단 몇 권이라도 책을 구입할 수 있는 이윤이 남는다면 계속하고 싶어요. 그리고 처음 생각한 대로 북카페 기능을 충실히 잘하는 공간이 되었으면 좋겠어요. 그 외에 더는 욕심 없어요.

A. 제주도 제주시 한경면 홍수암로 561
H. instagram.com/youram_with_books
T. 070 4227 6640
O. 매일 10:00~20:00 목, 토 10:00~23:00

감귤 창고였던 카페
키아스마

이곳은 어떤 곳인가요? 저희는 특별한 카페는 아닙니다. 다른 곳에서도 먹을 수 있는 음식을 우리답게 내어주는 평범한 카페지요. '키아스마'는 '교차'라는 뜻을 가지고 있습니다. 4년 차 이주민인 저희가 오래되고 한적한 위미리 마을 안에 자리 잡은 것이 어찌 보면 제주와 외부가 만나는 '교차' 같다고 생각해요. 또 마을 사람들과 이 공간의 교차일 수도 있고요. **브런치 카페로 유명해요.** 처음부터 브런치 카페로 자리매김해야지 생각한 건 아니에요. 커피와 함께 간단히 먹을 만한 따뜻한 음식을 같이 내면 좋을 것 같아서 사이드 메뉴로 구성한 건데, 찾는 분들이 좋아해주시면서 '브런치 카페'로 알려졌습니다. 저희 의도와 다른 부분을 좋아해주시는 경우가 많더라고요. 이런 의외성도 어찌 보면 '교차'인 것 같아요. **이곳은 전에는 어떤 건물이었나요?** 주인이 여러 번 바뀌어서 어떤 용도였는지 추측만 할 뿐인데요. 마을 사람들은 '감귤 선과장'이었다고 이야기해요. 감귤을 보관하고 분류하던 곳이었던 거죠. 위미리에 귤밭이 많은 편이거든요. 어떤 할머니가 지나가시며 "어? 여기서 말 키웠었는데?"라는 말씀을 하신 적도 있어요. 어느 한때 마구간이었던 적도 있겠죠. **이 공간을 처음 봤을 때 어떤 느낌을 받았어요?** 서울에서 카페를 7년 정도 했거든요. 서울을 떠나 제주로 내려오면서 장사는 안 하려고 했어요. 지치기도 했고, 제주도에는 이미 카페가 너무 많은데 나까지 해야 하나 하는 생각이 컸던 것 같아요. 그래서 커피 관련 일을 하는 곳에 취업을 했어요. 그러다 이 공간을 처음 보러 온 지인이 저에게 추천을 해줘서 와봤어요. 개인 창고치고는 규모가 큰 편이에요. 30평이 넘거든요. 탁 트인 넓은 공간과 조금 독특한 구조가 마음에 들었어요. 손님들이 왔을 때도 이런 느낌을 받겠구나 하는 생각이 들더군요. 그래서 공간에 비해 테이블을 적게 배치했어요. 시원한 느낌을 계속 가져가고 싶었습니다. **직접 공사하셨어요?** 전문적인 부분을 제외하고는 제가 다 직접 공사를 진행했어요. 동네 분위기를 해치지 않고 마을 안에 자연스럽게 녹아내릴 수 있었으면 하는 마음에서 창고 건물을 거의 손대지 않고 살렸습니다. **가장 좋아하는 부분이 있다면요?** 바닥과 가까운 곳에 있는 창문, 그리고 공간을 가르는 벽에 난 머리가 닿는 낮은 문을 좋아합니다. 공간에 비해 문이 너무 낮아서 보기에 어색하고 오가며 부딪힐 수도 있다며 더 높게 자르라고 하는 사람들도 있는데요, 저는 이 애매한 높이가 좋아요. 바닥 가까이에 난 창도 사실 현재는 딱히 용도가 없는데, 볼수록 재미있어요. 혹시 밖에서 이 건물을 보셨어요? 지붕이 왼쪽이 짧고 오른쪽은 길어요. 비대칭이죠. 그런데 문을 열고 안에 들어와서 보면 대칭이 딱 맞아요. 공간을 가르는 벽이 천장이 대칭을 이루는 위치에 정확히 세워져 있거든요. 재미있는 부분이지요. 이런 규칙 속 불규칙이 좋아요. **공사 중 에피소드가 있다면요?** 바닥을 에폭시 처리를 했거든요. 광택이 있다 보니까 오픈 전에 동네 할머니들이 지나다 보시고는 바닥에 물 채워놓은 줄 알고 생선 키우냐고 묻기도 하고, 바닥에 물 고였다고 말씀해주시기도 했어요. 또 간판이 작다 보니 동네 분들이 이래서 장사를 어떻게 하냐고 걱정을 많이 하세요. 마을 안에 자리 잡은 카페를 동네 분들이 불편해하면 어쩌나 했는데, 다행히 저희를 품어주셨어요. 꽃도 가져와서 심어주시기도 하고. **동백나무 군락지가 가까워요.** 위미 동백나무 군락지가 최근 몇 년 사이 유명해지면서 저희가 덕을 좀 봤어요. 근처에 다 와서 헤매는 손님들이 많아서 골목 입구에 입간판을 하나 세웠었는데, 동백 시즌엔 치웠어요. "여기 꼭 가야 해, 핫한 곳이야." 하며 사람들이 몰리는 곳이 아니라 '아, 좋았었지.'라고 잔잔하게 기억되고, 다음에 제주에 왔을 때 다시 떠오르는 곳이었으면 좋겠어요. 제주도에 사시는 분들도 지나다 편하게 들를 수 있는 곳이요. 커피 일을 십 년 했는데요, 카페에서는 커피만 사는 게 아니라 공간과 시간을 같이 사는 거라고 생각해요. 손님이 와서 저에게 '공간이 좋았다, 있는 시간이 좋았다' 같은 소감을 말씀하실 때 비로소 커피값을 제대로 받은 것 같은 느낌이 들어요. 음식도 그래요. 주문 들어오면 그때 요리를 시작해서 따뜻한 음식을 내어드리려고 해요. 접시를 받았을 때 기분이 좋아지길 바라는 마음으로요. 그래서 번거롭기도 하고 시간도 오래 걸리지만 앞으로도 지금처럼 계속 정성스럽게 준비하고 싶어요.

A. 제주도 서귀포시 남원읍 태위로 255
H. blog.naver.com/kenzi1023
T. 070 4222 0102
O. 매일 11:00~18:00, 수요일 휴무

군산 사람이 여행한 군산

보라보라 사람들

초등학교와 중·고등학교를 모두 군산에서 다녔다. 대학을 가면서 떠나왔지만, 부모님은 아직도 군산에 살고 있다. 그래서인지 보라보라섬에서 사는 내게 오히려 군산에 대해 물어보는 친구들이 많았다. "현지인이 가는 맛집 알려줘.", "이성당 빵 먹어봤어?", "히로쓰 가옥 어때?", "복성루 짬뽕 맛있냐?", "적산가옥 어디가 괜찮아?", "술 마실 만한 곳 추천 좀." 아는 곳도, 알려줄 것도 없었다. 군산에 살 때는 미성년자였으니 술집이야 당연히 모를 일이고(헛기침), 그중에 가본 곳도 이성당뿐이었다. 그래서일까, 이번 주제를 들었을 때 군산이 가장 먼저 떠올랐다. 홍인이는 마침 쓰고 있는 영화의 배경이 군산이라서, 이화 언니는 맛있는 걸 먹고 기력을 회복하고 싶어서, 나는 군산을 제대로 보기 위해서(또 마감을 하기 위해서) 함께 군산에 가기로 했다.

글 · 사진 김태연

게스트하우스

예보대로 비가 쏟아졌다. 시야가 흐려질 정도의 비가 차 유리창을 가리자 와이퍼도 버거운지 빡빡한 소리를 냈다. 운전대를 잡은 홍인이가 다시 한 번 아주 천천히 내려가겠다고 말했고, 나는 안전벨트를 다시 채우며 그러자고 답했다. 뒷좌석에 앉은 이화 언니가 우리 사이로 고개를 쏙 내밀고 물었다. "그래서 우리 뭐부터 먹어?" 홍인이와 내가 거의 동시에 말했다. "간장게장 먹자.", "간장게장 아냐?"

그래서 군산에 도착하자마자 한주옥으로 가서 간장게장을 먹었다. 이화 언니는 소주를 땄다. 배가 어느 정도 채워진 다음에야 게스트하우스로 이동했다. 출발 전, 세월이 느껴지는 건축물에서 자보고 싶다고 말했더니 이화 언니가 곧바로 링크를 몇 개 보내왔다. 그중에서 적산가옥(일제 강점기 당시 일본인이 소유하던 가옥)을 리노베이션했다는 곳이 눈에 띄었다. "여기 괜찮다.", "어떤 방이 좋을까?", "205호가 넓어 보이는데?" 홍인이랑 이런저런 정보를 주고받는 동안 잠깐 말이 없던 이화 언니가 다시 나타났다. "예약 끝. 205호." 순간 핫- 하고 웃다가 핸드폰을 놓칠 뻔했다. 이화 언니는 늘 빠르다. 홍인이도 행동파인데 그런 점에서 두 사람은 참 닮았다. 나는 된장찌개와 김치찌개, 버스와 지하철 같은 사소한 선택도 오래 하고 매일 하는 성격이라 이렇게 시원하게 결정하고 확실하게 행동으로 옮기는 친구들이 가끔은 당황스럽고 자주 부럽고 또 늘 고맙다.

내비게이션을 보니 이화 언니가 예약한 곳은 거리 뒤쪽에 숨어 있는 것 같았다. '월요일 휴무'라고 적힌 식당이 보여서 일단 차를 세웠다. 한 손에는

1박 2일간 지낼 짐이 담긴 가벼운 배낭, 다른 손에는 편의점에서 산 일회용 우산을 들고 먼저 내렸다. "체크인 하고 있을게."

길모퉁이를 돌아가니 작은 정원이 나타났다. 안쪽으로 일본식 기와 아래 유리로만 이루어진 가옥이 보였다. 다양한 크기의 나무 프레임이 채우고 있는 유리는 창이면서 동시에 문이었다. 서둘러 들어가려다가 빗물이 고여 있는 웅덩이에 발을 헛디뎠다. 마침 통기성이 좋아지도록 구멍이 숭숭 난 러닝화를 신고 있어서 물이 엄지발톱 안까지 한 번에 주욱 들어왔다. 덕분에 제대로 둘러볼 정신도 없이 신발을 세워두고 미닫이문을 열고 방으로 들어가 양말을 벗었다. 적산가옥에 도착해서 제일 먼저 한 일이 양말 말리기라니.

고양이 발소리가 들렸다. 이화 언니였다. "하아 따뜻하다." 이화 언니는 들어오자마자 방에 누우며 말했다. "체기 있는 것 같아.", "좀 쉴래?", "아니. 나가야지." 말과는 달리 언니의 눈꺼풀이 무거워 보였다. 사실은 내가 졸렸다. 여행 간다고 평소보다 일찍 일어나 평소보다 부지런히 움직였더니 평소보다 피곤했다. 이대로 누워서 잤으면 싶었다. 홍인이는 생각보다 쌀쌀하다며 옷을 갈아입었다. 홍인이가 겉옷까지 입자, 이화 언니가 몸을 일으켰다. 나도 일어났다. 곡소리가 절로 나왔다. "아이고오오오." 이렇게 만사 귀찮은 게으른 내가 여행은 왜 하는 걸까? 모르겠다. 어쩌면 게으름을 이겨낼 만큼 여행만은 좋아하는지도 모르지. 아직 젖은 운동화에 발을 넣고 군산의 오래된 거리로 가기 위해 길을 건넜다.

건축물의 월요일들
초원사진관

가장 먼저 〈8월의 크리스마스〉 촬영지인 초원사진관에 갔다. 사진사인 정원(한석규)이 자신의 죽음을 준비하며 스스로 찍은 영정 사진이 걸려 있었다. 그의 목소리가 들리는 듯했다. "시간이 얼마 남지 않았는데… 나는 긴 시간이 필요한 사랑을 하고 있다." 혼자 남겨지게 될 아버지(신구)에게 비디오 작동법을 알려주다가 화를 주체하지 못하고 방을 나가버리는 장면은 지금도 이상하리만치 선명하게 남아있다. 그러고 보면 정원이 나이가 지금 내 나이쯤이지 않았나? 홍인이와 이화 언니가 안으로 들어가 앉았고 나는 두 사람의 증명사진을 찍어주었다.

건축물의 월요일들
마리서사, 신흥동 일본식 가옥, 폐가

다시 거리로 나와 걸었다. 사람이 없었다. 얼핏 봐도 문을 닫은 곳이 많았다. 깊이 잠든 마을 같았다. 동네 서점인 마리서사도, 신흥동 일본식 가옥(구 히로쓰가옥)도 모두 닫혀 있었다. 알고 보니 월요일이라서 그런 것이었다. 굳게 잠긴 문 안쪽을 잠깐 살펴보던 홍인이가 말했다. "내일 다시 오면 되지 뭐." 그때부터는 뚜렷한 목적지 없이 표류하기 시작했다. "저쪽으로 가볼까?", "그럴까?" → "이번엔 여기?", "좋아!" → "?", "!" 결국엔 다들 걷는 것이 즐거워져 별말도 없이 골목 구석구석을 들어가 보기 시작했다. 기억 속에 엄청 멀게 느껴지던 곳들은 몇 걸음 걷기도 전에 성큼 내 앞에 나타났다. 허무할 만큼 가까워져 있었다. 이것보다는 훨씬 컸던 것 같은데, 이것보다는 덜 낡았던 것 같은데.

일본 사람들이 살다가 해방 후 한국 사람들이 살았을 집, 더 이상 아무도 살지 않는 집, 여전히 누군가 살고 있는 집들이 번갈아 가며 나왔다. 드물게 신축인 집도 있었지만 압도적으로 시간의 흐름을 따라잡지 못한 건축물이 많았다. 그 덕분에 '과거와 현재의 공존', '시간여행'이라는 이름으로 이렇게 여행자를 불러 모으는 낭만 도시가 되었지만, 곰팡이가 사라지지 않는 낡은 건물에서 살아가는 부모님이 떠올라 마음이 묘해졌다. 우리의 결핍이 누군가의 낭만이 될 수도 있구나. 괜히 더 씩씩하게 걸었다.

홍인이는 가끔 멈춰 서서 말했다. "주인공이 사는 집 같아." 그러다 이화 언니가 멀리 보이는 집을 가리키며 말했다. "홍인아. 저기는 어때?", "어. 가보자." 아무도 자르지 않아 무성하게 자란 풀을 지나쳐 가까이 가보니 폐가들이었다. 사자로 된 문고리에 쇠사슬이 감겨 있었다. "여기 촬영 협의도 가능할 것 같은데?" 홍인이와 이화 언니는 한참 동안 영화에 대한 이런저런 이야기를 나누었다. 나는 이곳에 어떤 사람이 살다가 어떻게 떠나게 되었을지가 궁금했지만 아빠의 얼굴이 떠올라 고개를 저었다. 얼른 활기찬 영화 촬영장을 그려보았다. 여기쯤에 밥 차가 들어오겠지. 저쪽에 벽지를 다시 해야 할 거고. 배우 대기실은 안쪽이 좋겠군. 폐가 주인도 이 활기를 기다리는 사람이면 좋겠다는 데 생각이 미쳤지만 모를 일이었다. 다만 나는 기다릴 거다. 홍인이가 저 안의 어딘가에서 "레디- 액션."을 외치는 날이 오기를. 나는 그 영화를 완벽하게 사랑할 준비가 되어 있다.

건축물의 월요일들
이성당

지친 다리를 풀어주려고 이성당에 들어갔다. 홍인이는 단팥빵을 고르고,
나는 소프트 아이스크림을 주문했다. 이화 언니는 아직 소화가 덜 되었단
다. 어릴 때 "나이가 들어 그런지 여기 아이스크림이 별맛이 없다."는 아
빠를 보며, 나는 아빠 나이가 되어도 계속 이 아이스크림을 좋아할 거라고
맹세했었다. 그게 뭐라고 그랬는지. 숟가락을 가져와 두 사람에게 떠 먹어
보길 권했다. "맛있다. 느끼하지 않고 되게 시원한 맛이야.", "이거 무슨
맛이지? 나 이거 분명 아는 맛인데?" 홍인이와 이화 언니가 많이 좋아해
줬다. 뿌듯했다.

건축물의 화요일들
신흥동 일본식 가옥

다음 날 아침 다시 가보았다. 신흥동 일본식 가옥의 푸른 문이 활짝 열려 있었다. 안으로 들어섰다. 아침까지 비가 와서 그런지 화요일에도 사람이 없었다. 고요했다. 한쪽으로 꽃나무와 석등이 있는 일본식 정원이 있고 다른 쪽에 오래된 2층 목조 가옥이 있었다. 이곳은 포목점과 소규모 농장을 운영하던 일본인이 처음 건립했다고 한다. 일제 강점기 시절 주변에 거주하던 일본인의 대부분은 쌀을 강제 수출하면서 부를 축적했기에 어쩔 수 없이 거부감이 들기도 하지만, 근대 한국사에 적응한 주택의 한 형태로 보고 보존해야 한다고 말하는 사람들도 많았다. 지금은 우리의 국가등록문화재다. 아침까지 머물던 게스트하우스를 비롯해 어제 둘러본 다른 적산 가옥들과 비슷한 면이 없는 건 아니었지만 뿜어내는 에너지가 아예 달랐다. 뭔가 무서워서 온몸의 솜털이 슈슈슈 섰다.

우리 세 사람은 어제처럼 따로 또 같이 구경하기 시작했다. 홍인이는 집 주변을 구석구석 살폈고, 이화 언니는 정원에 만개한 꽃나무를 보았다. 나는 그런 두 사람을 따라다니며 카메라에 담았다. "태연아. 이 꽃나무 이름이 뭔지 알아?" 이화 언니는 눈을 동그랗게 뜨고 이름을 궁금해했다. 분홍색 꽃잎 수십 개가 겹쳐서 피어 있는 나무였다. 전혀 모르겠다고 답하자 이화 언니는 "만첩홍매화인가?" 하며 처음 들어보는 이름을 중얼거렸다. "어머님께 여쭤봐. 이런 거 잘 아시잖아."

결국 이화 언니는 꽃 사진을 찍어 엄마에게 보냈다. 엄마는 이렇게 봐서 확실하진 않지만 교목을 보면 '만첩벚나무'일 확률이 90퍼센트 이상이라고 했다. 찾아보니 벚나무 중에서 가장 늦게 꽃을 피우는 나무였다. 그런 점이 조금 내 취향이었다. 아, 자세히 보니 꽃이 예뻐 보였다. 적산가옥을 보면 뭔가 역사에 대해 깨우침이 생기고 그걸 또 글로 쓸 수 있을 거라 기대하고 있던 나 자신이 우스웠다. '나 이런 의식도 있는 사람이야.'라고 자랑하고 싶었을지도 모르겠다. 너무 당연하지만 실패했다. 대신 바라지도 않았던 꽃 이름을 하나 얻었다. 어마어마하게 예쁜. 이화 언니의 엄마처럼 꽃과 나무의 이름을 잘 아는 어른이 되고 싶어졌다. 언니는 "응. 우리 엄마 잘 늙었어."라며 웃었다. 함께 만첩벚나무를 한참 바라보았다.

건축물의 화요일들
다시 마리서사

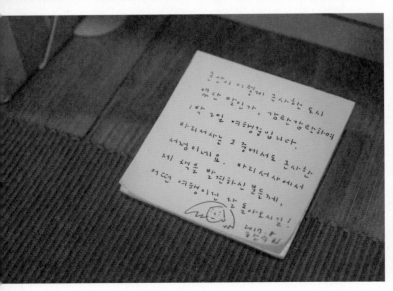

입구에 촬영 자제 부탁드린다는 메모가 붙어 있어서 카메라를 가방에 넣고 안으로 들어갔다. 일본식 가옥과 옛 마리서사를 재현하려 고심한 흔적이 가득했다. 진열대나 책상도 예스러운 멋이 있었다. 매거진으로는 유일하게 《어라운드》가 보였다. 《어라운드》에 쓴 글을 엮은 한수희 작가의 책도 있었다. (무려 작가님이 남기고 간 쪽지도 있다.) 친구들한테 나 이 사람 글 엄청 좋아한다고 말하려다가 그 아래에는 나도 알아봐줬으면 하는 마음이 있다는 것을 알아차리고 혼자 민망해져 입을 다물었다. 그놈의 허세. 마음을 가다듬고 책 구경에 집중했다. 어렵지 않았다. 섬세한 시선으로 고른 책들이 눈에 쏙쏙 들어오게 잘 진열되어 있었다. 동네 서점이나 독립서점에 가면 늘 느끼는 기분이지만 마리서사에서는 특히나 그 기분이 강하게 들었다. "아 여기 있는 책 다 사고 싶어." 이화 언니가 자기도 그렇다고 했다. 엄청나게 자제했는데도 양 손이 무거워져 나왔다. 앞으로 군산에서 어딜 가야 되냐고 물어보는 친구들이 있다면 나는 단연코 마리서사를 추천할 거다.

*사진은 사장님의 허락을 받고 찍었다.

군산을 여행하는 내내 이미 사라지거나 사라지고 있는 건축물을 봐서 그런지 그게 아무리 자가든 전세든 월세든 간에 어떤 집을 나의 안식처로 만들겠다는 바람은 위험천만한 일이라는 것을 깨달았다. 얼른 돈 벌어 내 집을 구하고 싶었는데, 그건 사람에 기대는 것 이상으로 고단한 일일지도 모르겠다. 모든 집은 사라지고 사람들도 변해간다. 하지만 당신이 여전히 지속 가능한 안식처를 찾고 있다면 그게 무엇이든 어디든 누구든 건투를 빈다. 나? 내일(의 일)은 모르겠다.

우편함과 계단의 개수

저는 아파트에 살아요

빈틈없이 빼곡한 우편함과 닳았다가 정돈되었다가를 반복하는 계단을
보면 이곳을 사는 사람들을 상상한다. 우리는 아파트에서 함께 산다.

에디터·포토그래퍼 **이자연**

아파트 키드의
기억

내 기억 속 최초의 집은 아파트다. 여섯 층으로, 층마다 두 집씩 모여 지내던 낡고 작은 아파트였다. 네 살 즈음 된 나를 키운 사람은 4층 아줌마였는데, 슬하에 키가 아주 큰 아들을 셋 두고 있었다. 당시 우리 엄마는 학습지 선생님을 하느라 내 옆에 온종일 붙어 있을 수 없었고, 나는 4층 아줌마네 집에서 커다란 어항에 물고기 밥을 주면서 시간을 때웠다. 언니가 유치원에서 돌아오면 언니랑 함께 집을 봤는데, 비가 세차게 내리는 날 웅덩이에서 발을 씻고 놀던 것 외에는 별다른 기억이 잘 나지 않는다. 언니가 초등학교 들어갈 즈음에는 새롭게 개발되기 시작한 동네로 이사를 갔다. 아파트 단지 안으로 크고 작은 놀이터와 곳곳에 경비실과 분수대, 노인정과 정자가 있는 곳이었다. 당시 주변에서는 높고 큰 아파트 단지가 마을 사회를 잠식시켰다는 어른들의 목소리가 종종 들리곤 했다. 똑같이 생긴 구조에서 비슷한 인원수의 가족들이 비슷한 생활 양식을 형성하면서 개성이 사라졌고, 수직적인 구조는 이웃 간에 단절과 분리를 가져왔다고 말이다. 자신이 살고 있는 곳을 동네보다는 아파트 이름으로 표현했고, 아는 사람보다 모르는 사람이 많아지면서 가족 외부의 사람들에게 경계의 벽을 세우기 시작했다. 정착 기간도 짧아졌다. 한 마을에서 오랜 시간을 보내던 사람들은 아파트의 경제적 가치가 강조되면서 철마다 사정에 맞춰서 이 아파트, 저 아파트로 옮겨 다녔다.

아파트에서 유년기와 청소년기를 보낸, 그러니까 마을 사회의 경험이 상대적으로 부족한 사람들은 아파트를 어떻게 기억하고 있을까. 내가 여덟 살 정도 되었을 때 아이들은 하나둘 미술 학원이나 피아노 학원을 다니기 시작했다. 학원 1세대 정도 되는 시기였는데, 학원가로 모여든 아이들은 서서히 놀이터를 벗어났고, 아이들이 철들기 시작하는 방식도 그랬다. 아파트는 알게 모르게 많은 것에 영향을 주고 있었다.

가장 가까운
아파트

언제부터 사람들 곁으로 아파트가 들어서기 시작한 걸까? 왜 아파트 단지는 지금의 형태로 자리 잡게 되었을까? 아파트의 동일한 구조는 어떻게 정해진 걸까? 아파트에 관한 이야기를 시작하려니 다양한 질문이 나오기 시작한다. 아파트의 역사를 간략하게 정리하면 이렇다. 한국전쟁 이후 마당 딸린 한옥이 점점 사라지기 시작하면서 주거 형태도 달라졌다. 재료 또한 영향을 끼쳤는데, 시멘트 사용이 일반화되고 외벽을 회반죽과 실리콘으로 방수 처리한 시멘트 블록으로 쌓아 올리면서 대부분의 단독주택이 비슷한 형태를 띠기 시작했다. 그렇게 탄생한 우리나라 최초의 아파트는 1956년에 건설한 '중앙아파트'다. 을지로4가와 청계천4가 사이에 자리한 이 아파트에는 집 안에 방이 하나뿐이라는 사실과 소문이 자자한 수세식 화장실 그리고 입식 부엌이 마냥 신기해서 이를 구경하기 위해 찾아오는 방문자가 적지 않았다고 한다. 한 동에 12세대가 들어섰고, 낮은 집들 사이로 3층밖에 안 되지만 우뚝 선 건물에 모두 놀라 감탄을 했다. 보통 최초 아파트로 거론되곤 하는 '마포아파트'는 최초는 아니지만 분명 아파트 문화에 중요한 의미를 남겼다. 여러 개의 아파트 주거동이 모여 하나의 단지를 이룬 '단지식 아파트'의 사례가 되기 때문이다. 게다가 당시 서구 근대 건축가들이 선호하던 형식을 그대로 따라, 넓은 공터, 주차장, 어린이 놀이터 등 생활 편의 시설을 함께 두기도 했다.

마포아파트에서 비롯된 여러 아파트 단지에 사람들이 들어서면서, 아파트 입주자들은 아파트에 살지 않는 사람들과는 다른 이미지를 입기 시작했다. 당시 정부는 전통적이고 재래적인 생활양식이 비경제적이며 비합리적인 방식이고, 서구의 새로운 주거 형식은 합리적이어서 집단적 공동생활을 통해 경제적 효율성을 높일 수 있을 거라고 생각했다. 그에 따라 각종 대중매체에서는 "1년 내내 더운 샤워로 피곤을 풀 수 있다.", "아파트 자체에 설비돼 있는 목욕조, 웨스턴 토일렛, 응접실, 키친에서 직접 던질 수 있는 쓰레기통, 허리를 구부리지 않고 그릇을 닦을 수 있는 싱크대의 효율성", "하늘로 높이 솟고 넓은 땅에 나무나 화초를 심고 분수를 만들어 어린이 놀이터를 마련하는 것이 얼마나 여유로운가." 등 아파트 예찬에 관한 기사를 쏟아냈다. 단순히 아파트의 장점만 부각하는 게 아니라, 아파트를 통해 대중을 계몽시키려 했고, '선진화=서구의 문물'이라는 도식을 만들려 했다. 짧은 기간 동안 한국 사회에 아파트가 기하급수적으로 증가한 데에 정치적·사회적 배경이 큰 영향을 미친 것이다.

옥상 위
민들레 꽃

인간 세계는 다양한 문화 콘텐츠에 반영될 수밖에 없다. 농업 사회의 대가족 모습이 드라마에 전형적으로 나오던 과거에 비해 핵가족과 1인 가구가 주로 나오게 된 변화만 봐도 쉽게 알 수 있다. 가족의 형태뿐만 아니라 소비 패턴, 관심사, 유행 등 사람들의 생활 양식과 가까운 것들이 계속해서 등장한다. 소설 속 아파트의 모습을 눈여겨보면 사람들이 당시에 아파트를 어떻게 여기고 받아들였는지 알 수 있다.

아파트 광장에 차와 사람의 움직임이 멎자 둥근 달이 하늘 한가운데 와서 옥상을 대낮까지 비춰주었습니다. 마치 세상에 달하고 나하고만 있는 것 같은 기분이 들었습니다. 그때 나는 민들레꽃을 보았습니다. 옥상은 시멘트로 단단하게 발라놓아 흙이라곤 없습니다. (중략) 도시로 부는 바람을 탄 민들레 씨앗들은 모두 시멘트로 포장한 딱딱한 땅을 만나 싹트지 못하고 죽어버렸으련만, 단 하나의 민들레 씨앗은 옹색하나마 흙을 만난 것입니다. 흙이라 할 것도 없는 한 줌의 먼지에 허겁지겁 뿌리내리고 눈물겹도록 노랗게 핀 민들레꽃을 보자 나는 갑자기 부끄러운 생각이 들었습니다. 살고 싶지 않아 하던 게 큰 잘못같이 생각되었습니다.

- 박완서, 《옥상의 민들레꽃》 중에서

소설 속 '궁전아파트'는 많은 사람이 선망하는 고급아파트다. 어느 날 할머니가 창문으로 몸을 던져 자살하는 일이 벌어졌다. 벌써 두 번째 일이다. 주민들은 아파트 가격이 내려갈까 두려워 대책 회의를 했다. 반상회 모임에 이름을 붙이자는 누군가의 의견에 '서로돕기회'가 어떻냐는 의견이 나왔다. 그러자 젊은 아저씨가 말했다. "서로 돕다니요? 우리가 뭐가 부족해서 돕습니까? 이웃 돕기는 가난하고 불쌍한 사람들끼리 하는 겁니다." 그 옆으로 목소리가 들려온다. "옳소, 옳소." 그때 옆에서 주인공인 어린아이가 손을 들었다. 하고 싶은 말이 있어요, 저에게 아주 좋은 의견이 있습니다. 하지만 아무도 '나'의 이야기를 궁금해하지 않았다. 손을 꼿꼿이 들어도 보았다. 그러자 임시회장이라는 아주머니가 말했다. "어휴, 이런 중요한 자리에 애를 데려온 게 누구야?"

아이는 어릴 적에 투신자살한 할머니처럼 옥상에 올라갔던 적이 있었다. 가족들이 자신을 사랑하지 않는다는 생각으로 옥상에서 떨어질 마음이었다. 그때 민들레 꽃을 보았다. 옥상에 흙 한 줌 밖에 안 되는 열악한 환경에서 단단히 뿌리를 내린 작은 민들레를. 아이가 말하고 싶었던 것은 더 이상 사람들이 죽지 않기 위해서는 아파트에 민들레가 필요하다는 것이었다. 수치와 계산으로 정의할 수 없는, 이곳에서 삶을 지탱할 어떤 마음 같은 게. 하지만 궁전아파트 주민들 중 그 이야기를 들어 줄 수 있는 사람은 아무도 없었다.

중학교 교과서에 실린 잔잔하고도 짧은 이 소설은 당시에 사람들이 아파트를 어떻게 여겼는지 단번에 알 수 있다. 누구나 '궁전아파트'에 사는 사람들의 행복을 의심하지 않았고, 주민들은 자신의 행복이라고 믿는 것들을 유지하기 위해 바빴다. 아파트 가장자리부터 하늘과 가까운 옥상까지, 어느 곳에도 민들레에 자리를 내어줄 곳이 없던 것이다. 그리고 힘겹게 그 빈틈을 비집고 들어간 작은 생명이 아이의 마음을 바꾸었다. 아파트의 삶이 고단했던 이들에게 필요한 것은 민들레일까. 정확하게 말하자면 아니다. 아마 그건 어린아이와 같은 눈을 가진 사람일 것이다.

당신 곁에
민들레 꽃

아파트가 단절 사회의 상징이 되고 이웃 간의 거리를 만든 주된 요인으로 꼽히기도 하지만 아파트도 결국 사람들이 사는 곳이다. 그 안에도 사람들 곁으로 조용히 뿌리를 내린 강인한 민들레가 있다. 돌이켜 보면 아파트 단지가 마을 역할을 하기도 했다. 어릴 적 자전거를 타고 아파트 단지를 한 바퀴 돌면 아는 얼굴들이 하나둘 보여 인사를 나누었고, 집 열쇠를 잃어버린 날에는 자연스럽게 옆집 초인종을 눌러 그 안에서 엄마나 아빠의 귀가를 기다렸다. 옆집에서 많이 만든 것 같다며 나눠준 호박죽은, 그릇을 돌려줄 때 감이나 귤을 담아 고마움을 표했고, 망치나 소금같이 당장 필요한 것이 없을 때도 옆집 문을 두드렸다. 온 집이 현관문을 활짝 열고 지내고, 내복 바람으로 늦은 밤이 될 때까지 동네 친구네 집에서 놀았다. 허물이 없던 만큼 경계의 벽도 낮았다. 결코 홀로 살아갈 수 없는 세상에서 사람들은 어떤 방식으로든 연결되기 마련이고, 탄탄한 연결 고리를 위해서는 상대에게 자신을 드러내는 용기와 배려가 필요하다.

이웃을 반드시 만들어야 하냐는 질문이 나온다면, 꼭 그렇지는 않다. 아파트는 단순한 주거지의 종류를 의미하지 않는다. 누군가에게 빚이고, 재산이고, 꿈이니까. 철 따라 이동하는 새처럼, 계약 기간에 맞춰 사람들도 이곳저곳으로 흩어져야만 한다. 삶의 터전이 바뀌는 속도가 빨라졌고, 사람들은 곧 떠날 자리의 관계 맺음을 피로하게 여겼다. '부질없음'을 '부질 있음'으로 바꾸길 강요할 수 있는 사람도, 제도도, 여건도 없으니 어쩔 수 없을 수밖에.

다만 미래의 언젠가를 상상하면 어떨까. 이웃은 필요하다. 기술과 문명이 제아무리 발달하더라도, 인간이 홀로 살 수는 없는 노릇이다. 노래 속 목소리보다, 라디오 속 말소리가 더 반갑게 느껴지는 어느 새벽만 떠올려 봐도 알 수 있다. 우리는 사람이 필요하다. 만성피로를 넘어, 문밖에 누가 살고 있는지 아는 것은 자기 생을 공동체의 연대와 공감과 걱정과 위로로 채우는 것과 같다. 우리에게는 필요한 민들레는, 결국 그것을 발견한 사람의 눈에서 시작하니까.

아파트에 관한 단상

아파트에 담긴 기억을
조금씩 나눕니다.

〈내가 살고 싶은 아파트, 2017〉

〈뒷베란다에서 몰래 담배 피우는 엄마, 2016〉

〈딸이 좋아하는 반찬, 2016〉

〈볕이 잘 드는 아파트, 2017〉

〈놀 곳이 없어 핸드폰만 보는 동생, 2018〉

〈아파트 사이 눈길 위, 2018〉

〈천지창조, 2017〉

어떤 주름들

I AM NOT A PHOTOGRAPHER

어느 낡은 호텔이나 나이든 사진가의 눈매는 비슷한 구석이 있다. 시간을
입은 것만이 가질 수 있는 흔적이랄까. 그 우아한 결을 하나씩 세어보았다.

글·사진 박선아

낡은 호텔을
찾아다니는 취미

언제부터 시작한 일인지 모르겠지만, 지방에 갈 일이 생기면 그 동네의 낡은 호텔을 찾아본다. 몇 번 반복하고 나니 이름만 보아도 어느 호텔이 오래되었는지 느낌이 온다. 막상 누가 "그럼 이 중에 가장 먼저 지어진 호텔은 어디게?" 물으면 맞출 자신은 없지만, 오래된 호텔 이름을 늘어놓고 비슷한 구석을 설명하라면 두서없이 떠들 수 있을 것 같다.

전에 살던 동네에도 그런 호텔이 하나 있었다. 나는 그 호텔 뒤편에 살았고, 우리 집에 가려면 호텔 이름이 붙은 버스 정류장에 내려야 했다. 꾸벅꾸벅 졸다가 익숙한 호텔 이름이 들리면 재빠르게 하차 벨을 눌렀고, 내릴 때마다 호텔과 정면으로 마주쳤다. 버스는 정류장 푯말 바로 앞에 서지 않고 제멋대로 뒷문을 열었기에 기억하는 호텔의 모양 역시 여럿이다. 화단의 동그랗고 낮은 나무들, 눈이 쌓인 계단, 호텔 이름이 적힌 알록달록한 네온사인…. 그 호텔의 이름을 들으면 떠오르는 풍경이다. '언젠가 이 호텔에 묵어보고 싶다.' 생각만 하다가 들어가 본 것은 그 동네를 떠나고 5년 정도 흐른 뒤였다. "여기가 내가 가고 싶다던 그 호텔이야." 함께 있는 친구에게 이렇게 말하며, 호텔 앞에 섰다. 건너편 곱창집에서 마신 술에 적당히 취해 있었다. 어두컴컴한 엘리베이터를 타고 객실로 올라갔고, 승강기만큼이나 음산한 복도를 지난 기억이 어렴풋이 난다. 방에 들어가자마자 침대에 누웠다. 술기운이 올라왔고 천장은 적당히 빙글빙글 돌아갔다. "나는 낡은 호텔을 찾아다니는 취미가 있어. 오래된 호텔에는 주름이 있거든? 유독 아름다운 주름이 진 호텔들이 있는데, 거기에 누워 그 결을 하나씩 세어보는 일을 좋아해." 친구가 자기 메모장에 내가 한 말을 적어두지 않았으면, 이 이야기는 영영 잃어버렸을 거다.

어느 사진가에게
있을지도 모를 주름

호텔 침대에 누워 세어본 걸이 어땠더라, 떠올리려고 애쓰다 보니 또 다른 주름이 생각났다. 느린 식사를 하던 아침이었다. 천천히 빵을 한 입 먹고, 질문하고, 커피를 조심스레 한 모금 마시고, 답을 했다. 여러 질문과 답을 잇다가 이런 물음이 내게 왔다. "나이 든 사진가의 한쪽 눈가에는 깊은 주름이 있으려나?" 몇몇 사진가의 얼굴을 떠올려봤지만 주름이 떠오를 리 없었다. 엉성한 오후였기에 사진가의 이름을 검색할 부지런함도 있을 리 없었겠지. 다만 앉은 자리에서 그런 얼굴을 상상할 게으름만큼은 넉넉했다. 마주 앉은 우리는 한 사람씩 사진 찍는 시늉을 해보았다. "어때? 지금 내 눈가에 주름이 져?", "어, 어, 생긴다. 근데 눈가에만 생기는 건 아니고 콧등이랑 미간에도 주름이 지네!" 평생 카메라를 손에 쥐고 다닌 어느 얼굴을 상상해보고 그 주름을 믿어보는 것만으로도 자세를 고쳐 앉을 이유는 충분했다. 웅크린 무릎을 펼쳐 아빠 다리로 앉아 허리를 곧게 세웠다. "내 주름들은 내가 보낸 시간을 따라 만들어지겠지?" 억지로 눈가에 힘을 주며 웃어 보았다.

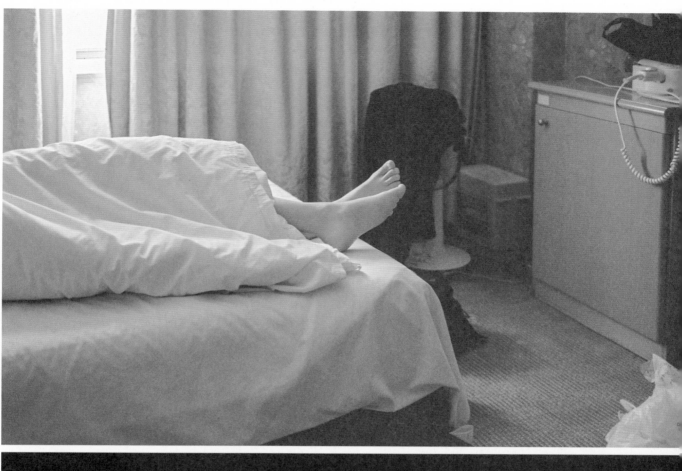

젊음은 이내 사라질 테고
그때가 되면

호텔이란 곳은 폐업하지 않는 이상 휴일이 없을 거다. 메이드는 매일 그 건물에 들어있는 것들을 청소한다. 손님이 문을 열고 들어 갔을 때, 방 안은 누구의 손길도 닿지 않은 듯 태연하다. 잘 짜인 매뉴얼을 따라 부지런히 쓸고 닦아 말간 얼굴을 유지하는 것이다. 오랜 호텔의 주름이란 건 그 일이 수없이 반복된 다음에야 볼 수 있다. 시간이 흐르며 가구나 커튼이 낡고, 로비의 대리석도 유행 과는 거리가 생겼을 때, 그 틈에 보이지 않는 선명한 주름이 생긴다. 세월이 지난 자리에만 남을 수 있는 일종의 무늬. 화장실의 옥 색 세면대나 욕조, 적당히 바랜 벽지, 날카롭던 끝이 닳아버린 테이블…. 그런 곳을 자세히 들여다보면 예쁘고, 아름답고, 우아한 결이 보인다. 정말, 보인다.

지난봄에는 경주에 갔다. 가고 싶던 호텔이 있었지만 문을 닫아 들어갈 수 없었다. 하는 수 없이 건너편의 덜 오래된 호텔에 묵었 다. 밤 산책을 하며 폐쇄된 호텔 건물을 바라봤다. 주위를 둘러보니 그럴싸한 이름을 달고 빛나는 호텔이 여럿 보였다. 불이 꺼진 어두운 저 건물도 한때는 반짝거렸겠지. "이제 저기 못 가네." 아쉽다고 말하려다 꾸역꾸역 삼켜버렸다. 오늘도 거울을 보며 팔자 주름을 슬쩍 펼쳐보던 내가 해서는 안 되는 말 같았다.

아쉬움을 넣어두고 침대에 누워 벌이던 일들을 떠올려본다. 나와 비슷하게 젊은 몸을 있는 힘껏 끌어안던 밤도 있었고, 해가 뜨는 줄 모르고 밤새도록 이야기만 늘어놓던 시끄러운 밤도 있었다. 아침에 눈을 뜨자마자 다시 밤이 오면 좋겠다며 이불 속으로 숨어 들어 간 두 사람은 즐거웠겠지. 노래 한 곡을 반복해서 듣다 잠이 들어, 아침에도 그 소리에 잠이 깬 날도 잊을 수가 없다. 그 리듬 에 맞춰 꾸던 요상한 꿈들은 어디로 사라졌으려나…. 아, 거기에서 꾼 꿈 중에 이런 게 있었다. '할머니가 되면 늙은 나를 찾아오는 일을 취미라 불러주는 어린 친구가 생기면 좋겠다.' 잘 늙은 호텔처럼 시간을 들여 만든 주름을 소리 없이 보여주는 어른이 되길 바라왔고 여전히 바라고 있다. 그때가 되면 카메라를 갖다 대는 한쪽 눈가에는 반대편보다 짙은 주름이 질까. 아직은 내 것이 아닌 예쁘고, 아름답고, 우아한 주름을 미움 없는 마음으로 기다려본다.

이것은 건축 여행이 아니다

일본의 작은 섬 나오시마

건축의 백미는 미술관이지! 어째서 그런 생각을 했는지는 모르겠지만 요 근래 나는 일본
나오시마와 테시마 섬에 푹 빠져 있었다. 세계적인 건축가 안도 다다오가 직접 꾸민 예술
섬 나오시마와 인간의 본질에 대해 명상할 수 있다는 테시마 미술관은 그야말로 이번 주제
를 위한 맞춤 공간이었다. 2박 3일의 두근거리는 건축 여행. 모든 게 다 괜찮을 줄 알았다.

에디터·포토그래퍼 **김건태**

건축 없는
건축 여행

결론부터 말하자면 이번 여행은 실패했다. 미술관 건축의 백미를 보고 오겠다던 내 기대는 일본의 골든위크 덕에 산산조각 났다. 그러니까 '쇼와의 날'부터 시작된 9일간의 연휴 기간에 미술관 개장 날짜가 변경된다는 걸 몰랐던 것이다. 다카마쓰에서 나오시마로, 다시 테시마로, 빼곡한 일정을 세웠지만 모든 게 무산됐다. 어쩐지 운수가 좋더라니. 공항에서 주운 100엔짜리 동전이 이번 여행의 실패를 알리는 일종의 암시였던 걸까. 나는 지역의 명물이라는 사누키 우동을 먹으며 궁리했다. 거짓말로 여행기를 지어낼까? 체류 기간을 늘려서라도 미술관에 다녀오는 게 맞는 걸까? 그러다 문득 몇몇 유명 건축가의 말을 떠올리며 계획을 수정하기 시작했다. "자연은 신이 만든 건축이며, 인간의 건축은 그것을 배워야 한다."는 안토니오 가우디의 말처럼 이곳의 자연을 눈여겨보고, "건축의 출발점도 도달점도 사람"이라는 프랭크 게리의 뜻을 생각해 사람이 머무는 풍경을 바라보는 거다. 이름하여 '건축 없는 건축 여행'. 그런 생각을 하며 조금 웃는데, 불현듯 편집장님의 목소리가 들린 건 기분 탓이었을까.

예술의 섬
나오시마

다카마쓰 항구에서 배를 타고 한 시간 정도면 나오시마 섬에 닿는다. 나오시마에는 커다란 공장이 있어 과거 산업폐기물로 몸살을 앓았다고 한다. 그러던 중 베네세라는 기업에서 나오시마를 예술 섬으로 만들 계획을 세우고, 건축가 안도 다다오와 함께 섬의 풍경을 바꿔나가기 시작한다. 지추미술관을 비롯해 베네세하우스뮤지엄, 이우환미술관까지 그야말로 안도 다다오 특유의 절제된 건축미를 감상할 수 있는 곳이지만, 불행히도 나는 아무것도 볼 수가 없다. 다만 마을 사람들이 직접 참여한 '이에 프로젝트家 Project'를 감상하기 위해 골목을 돌았다. 이에 프로젝트는 일본식 전통 가옥을 현대미술과 접목해 직접 체험할 수 있도록 한 건축 작품으로 어둠과 빛, 물과 그림자가 어우러진 '카도야'를 비롯해 제임스 터렐의 작품을 만날 수 있는 '미나미데라'까지 모두 일곱 개의 작품이 골목 곳곳에 숨어 있다. 고요한 어둠으로 잠긴 집, 카도야. 나무 턱에 가만히 앉아 물속에서 점멸하는 숫자를 지켜봤다. 그게 무엇을 의미하는지는 생각하지 않고 그저 어둠이 눈에 익기만을 기다리는데, 시간이 지나자 조명을 밝힌 듯 주위가 환해졌다. 함께 어둠 속에 앉아 있던 일본인들이 무어라 속삭였고, 가만히 눈을 감고 듣고 있자 해독할 수 없는 일본어마저 자연의 일부처럼 느껴진다.

식물이 있는
골목

나오시마 골목을 걷다 보면 이곳 사람들이 자연을 대하는 방식을 짐작하게 된다. 대개의 경우 낮은 담장 안에 정원을 두고 나무와 꽃, 흙, 바위만 한 크기의 돌로 구성된, 작지만 완벽한 자연을 조성해놓았다. 혹여 마당이 없는 집은 집 앞에 작은 화분들을 늘어놓는다. 그러고는 햇빛이 강한 오후가 되면 약속이나 한 듯 골목마다 노인들이 나와 식물에 물을 준다. 이곳에서 식물을 만나는 일이란 비단 노인만의 일과가 아닌 여행자에게도 다정한 풍경이다.

타쿠미 씨의
오래된 집

일정 중 하루는 타쿠미 씨의 집에 묵었다. 그는 수염이 근사한 아저씨로 이곳 나오시마에서 나고 자랐다. 그의 말에 따르면 길고 좁은 복도와 여러 개의 방으로 구성된 이곳이 일본의 전통적인 가옥 형태라고 했다. 걸음마다 삐거덕 소리가 나는 바닥과 은은한 색깔의 벽지, 네모반듯한 욕실 타일이 단정한 느낌을 준다. 특히 집 안에서 가장 많이 눈에 띄는 것은 나무 무늬였는데, 따뜻하고 묵직한 문양과 색감이 집을 더욱 고즈넉하게 만든다. 오후의 어떤 시간, 나무 바닥 위에서 산란하는 햇빛의 일렁임을 보고 있으면 지난 몇 십 년간 볕이 머물던 바닥은 또 얼마나 따뜻했을지 상상이 간다. 마침 고양이 치즈 군이 볕이 머물던 자리에 누워 노란 바닥에 꼬리를 친다.

건축의 출발점도
도착점도 사람

사실 건축에 대해서 나는 할 수 있는 말이 거의 없다. 다만 사흘간 이곳 나오시마에 머물며 발견한 건 좋은 건축에는 언제나 사람이 있다는 사실이었다. 이시이 카즈히로가 설계한 나오시마 분교 지구(유치원, 초등학교, 중학교 건물이 모여 있다)에는 아이들이 수업을 받고 있고, 삼부이치 히로시의 나오시마 홀 안에도 사람이 있어 더욱 생기를 갖는다. 조그만 대문에 걸린 아이의 젖은 운동화나 바닷가 미술관의 웅성거림 역시 사람이 있어 가능한 풍경이다. 학교는 학교대로의 소란이, 미술관에는 그만큼의 정숙함이, 오래된 집들이 모인 골목에는 느린 걸음의 노인이 저마다의 목소리를 가지고 건축을 완성하는 듯 보인다. 내 지갑 속에는 아직 가보지 못한 미술관 사진 한 장이 들어있다. 커다랗고 하얀 타원의 천장으로 빛이 들어오는 자체로 완벽한 공간이다. 그리고 빛의 그림자 가장자리에는 건축, 아니 자연을 완성하는 하나의 점으로 사람이 서있다.

끝내 가보지 못한 테시마미술관 ©Benesse Art Site Naoshima

다리로 다리 건너기

한강의 다리들

한강에는 한강을 가로지르는 31개의 다리가 있다.
그중 6개의 다리를 다리로 건넜고 1개의 다리 밑에 섰으며 6개의 다리를 보았다.

에디터·포토그래퍼 **김혜원**

서강대교 위에서

동작대교

잠수교

보이는 풍경은 비슷하지만
모양은 다른

다리는 목적지가 될 수 없다. 적어도 한강 다리는 그렇다. 한강 너머를 향하며 모두 다리를 건널 뿐이다. 달리는 자동차 안에서는 이 다리를 건너는 게 빠를지, 저 다리를 건너는 게 빠를지가 궁금하다. 지하철 안에서는 다리를 생각할 겨를 없다. 탁 트인 한강 풍경에 감탄하다 보면 다시 어두운 동굴로 빨려 들어간다. 그러니 다리 위든, 다리 아래든, 멈춰야 한강의 다리가 보인다. 다리 위에 멈춰서는 일은 생각보다 각오가 필요하다. 앞뒤로 비슷한 거리만큼 걸어야 닿을 수 있으니 말이다. 다리를 보기 위해 한강의 다리를 찾아갔다.

용산구 한강로3가와 동작구 노량진 사이를 잇는 '한강대교'는 한강에 놓인 첫 번째 인도교人道橋다. '한강'을 이름으로 품은 2개의 다리 중 하나. 한강대교는 100년도 더 전인 1917년에 준공되어 그야말로 풍파를 견뎌낸 다리다. 한때는 '한강인도교'로, '제1한강교'로 불렸다. 한강대교에서 다리가 보낸 거친 시간을 가늠하긴 어렵다. 지금 한강대교의 모습은 1981년에 완성된 것이다. 하얀 페인트로 칠해진 아치형 모양의 철골이 꽤 근사하다. 한강대교 위에서 여의도 방면으로 '한강철교'가 보인다. 시선은 63빌딩까지 한꺼번에 담는다. 한강철교는 4개의 철로로 구성되어 있다. 그중 하나가 한강에 놓인 최초의 다리다. 초록색과 회색의 이 철로 위로 하루에 1200여 차례 열차가 지난다. 기차가 지나가는 것을 보고 행운이라 외쳤던 어린 시절을 떠올리면, 이곳에선 몇 번의 행운이 반복되는 걸까?

뚝섬한강공원에서 '청담대교'를 올려다봤다. 기이한 모양으로 자리 잡은 '자벌레'를 지나 사람들의 말소리가 커지는 곳부터 다리가 시작된다. 청담대교는 광진구 자양동과 강남구 청담동 사이를 연결하는 복층교량이다. 위층에는 차량이 통행하고 아래층에는 지하철 7호선이 지난다. 뚝섬한강공원에서 청담대교를 바라보는 것은, 청담대교를 지나는 지하철을 바라보는 일에 가깝다. 이것은 몇 번이고 반복되는 애니메이션 엔딩 장면을 보는 것처럼 꽤 낭만적이다. 청담대교 아래에서는 지하철 안에 타고 있는 한 사람, 한 사람의 표정이 보일 것 같다.

물에 잠기는 다리는 어떻게 만들 생각을 했을까? 1976년에 완공된 '잠수교'는 2층의 '반포대교'와 붙어있는 2층 교량이다. 홍수 등으로 물이 불어나면 잠겨 한강의 수위를 알려주는 역할을 하기도 한다. 잠수교를 걷다 보면 다리가 물 위로 이어진 길이라는 말이 더욱 와 닿는다. 수면보다 조금 높게, 지면에서 일직선으로 뻗어 나가는 길.

도시는 강을 중심으로 발달한다. 강은 도시의 중심이고 강을 건너게 하는 다리 또한 도시의 중요한 건축물이다. 그래서 다리는 도시와 나라를 대표하는 상징이 되기도 한다. 런던의 '타워 브리지'나 샌프란시스코의 '금문교'처럼 말이다. 상징적인 건축물로서의 다리를 생각하면 '올림픽대교'다. 1989년에 개통된 올림픽대교는 88 서울올림픽 개최를 기념하기 위해 건설됐다. 88 서울올림픽을 뜻하는 높이 88미터의 주탑 4개가 서 있으며, 주탑은 올림픽 성화대 모양을 형상화했다. '천호대교'에 서서 올림픽대교를 바라보면 잠실 제2롯데월드까지 보인다. 올림픽대교와 제2롯데월드, 붉은 노을빛에 이게 2018년, 지금 서울의 풍경이구나 싶다.

강서습지생태공원 조류전망대에 오르면 주황색의 '방화대교'가 선명하게 보인다. 강서구 방화동과 고양시 덕양구 강매동을 잇는 방화대교는 길이 2559미터로, 한강 다리 중 가장 길다. UFO를 떠오르게 하는 중앙부는 비행기의 이착륙을 형상화한 것이다. 방화대교를 보면 모양과 길이에 대한 생각은 들지 않는다. 아름답다는 생각이 가장 먼저 든다. 주황색으로 칠해진 다리가 파란 하늘과 한강과 절묘하다. 아름다운 주황색 한강 다리는 또 있다. '동호대교'는 지하철 3호선 철로와 도로가 공존하는 복합교량이다. 압구정역에서 약수역으로 가는 지하철 안에서 주황색 철골과 그 너머 한강을 바라보면 서울이 조금 더 좋아진다.

"강물은 흘러갑니다 제3한강교 밑을, 당신과 나의 꿈을 싣고서 마음을 싣고서, 젊음은 피어나는 꽃처럼 이 밤을 맴돌다가, 새처럼 바람처럼 물처럼 흘러만 갑니다" 한강 다리 노래 하면 지금은 '한남대교'라 불리는 '제3한강교'가 떠오르던 때가 있었다. 요즘 사람들은 '양화대교'를 떠올릴 테다. 자이언티의 노래로 더욱 잘 알려진 '양화대교'는 마포구 합정동과 영등포구 양평동 사이를 연결하는 다리다. 하얀색 페인트로 칠해진 아치형의 모양새는 한강대교와 닮았으나, 가까이에서 보면 영 다르다.

'서강대교'는 밤섬 위를 지난다. 마포구 신정동에서 걷기 시작하면 밤섬 위에서 국회의사당과 여의도의 호텔을 눈에 담을 수 있다. 사람의 출입이 멈춘 밤섬은 나무와 풀이 우거져 시간도 멈춘 것 같은데, 그 위에서 가장 도시적인 풍경을 보고 있으면 이런저런 상념에 빠지게 된다. '밤섬은 어떻게 이름도 밤섬일까?', '어스름하게 보이는 나무도 예뻐라.', '불 켜진 빌딩의 저 사람들은 왜 아직 퇴근을 안 했을까?' 그러다 한강으로 눈을 돌리면 다시 마음이 고요해진다.

서울의 중심에서 이렇게 홀로된 기분, 아니 정말로 홀로될 수 있는 곳이 다리 말고 또 어디가 있을까? 다리 위에서 바라보는 풍경은 사실 다른듯하면서도 비슷하다. 높은 빌딩과 아파트, 한강을 둘러싼 것이 풍경이 되기 때문이다. 그리고 비슷하게 보이던 다리는 모두 다른 너비와 길이, 모양이다. 인간이 만들어낸 길 중에서 사람들이 가장 낭만적으로 느끼는 길이 바로 다리라고 한다. 한강의 다리들도 그랬다. 낭만적이고 아름다웠다.

담 사이에 낀 고양이

가장 좋아하는 건축 이야기

"가장 좋아하는 건물이 뭔가요?" 아주 여러 번 비슷한 질문을 받았다.
한두 번 겪는 일도 아닌데 그럴 때마다 내 머릿속은 하얗게 변하곤 한다.

글·그림 한승재(푸하하하프렌즈 건축사사무소의 공동대표)

건축가로서 작업을 시작한 지는 벌써 8년, 처음 건축이라는 학문을 접한 후로는 15년이라는 짧지 않은 세월이 흘렀다. 그런데 아직도 이런 질문엔 대답을 하질 못한다. 세월을 헛되이 흘려보낸 것 같은 허무감이 밀려온다. 그동안 좋아하는 건축가, 좋아하는 건물 하나 정해놓지 않고 무얼 했나? 난 매번 생각이 잘 나지 않는다고 말했다. 누군가는 나를 건방진 애송이쯤으로, 또 누군가는 눈만 높은 이상주의자로 봤을 것이다.

"가장 좋아하는 장소가 어딘가요?" 이런 질문엔 한결 대답이 수월해진다. 아니, 오히려 마구마구 이야기하고 싶어진다. 어릴 적 살던 아파트 단지에 대해 자꾸자꾸 떠들고 싶어진다. 무슨 귀여운 생각에서였는지, 그곳 건물들은 온통 살구색 페인트로 칠해져 있었다. 마치 전래동화처럼 저쪽으로 가면 아랫마을이 있고 저쪽으로 가면 윗마을이 있는 재미있는 곳이었다. 아랫마을엔 슈퍼마켓이 있었고, 비디오 가게가 있었다. 주인들은 모두 키가 작았다. 윗마을엔 뚱뚱한 쌍둥이 자매가 살았고, 반에서 가장 큰 친구도 살았다. 초등학교 때 키 순서로 자리에 앉는 것처럼, 당연히 아파트도 그런 식으로 배정이 되는 줄로만 알았다. 우리 집은 윗동네와 아랫동네의 중간쯤에 있었다. 내 키에 알맞은 동 배정이었다.

건물과 건물 사이엔 적당한 화단이 있었다. 그곳엔 기어 올라가기에 적당한 사이즈의 바위가 군데군데 놓여 있었다. 바위에 올라가기 좋아하는 아이들 덕분에 바위에선 늘 윤기가 흘렀다. 놀이터와 공터 곳곳엔 적당한 사이즈의 콘크리트 벤치가 있었다. 사실 벤치는 아니고 바닥에서 솟아 나온 평평한 환기구였다. 앉아서 간식을 먹기에 좋은 곳이었다. 그곳은 빵집과 연결되어 있어서 가끔 맛있는 빵 냄새가 올라왔다. 당시 환기구의 존재를 모르던 우리는 그 냄새를 빵의 영혼이라고 불렀다. 아파트 출입구 바닥은 매끈해서 팽이를 돌리기에 좋았다. 무언가를 할 때 아무 곳에서나 하는 법은 없었다. 아파트 구석구석마다 정확한 기능이 부여되어 있었고, 우린 놀이를 바꿀 때마다 장소를 바꾸어가며 바쁘게 움직였다. 난 아파트 단지의 그런 점이 너무 좋았다.

내가 살던 아파트가 고급 아파트 단지였다면 괜한 멋을 부려서 나의 추억을 많이 훼손시켜 놓았을 텐데, 다행히 무척 소박한 곳이었다. 요란한 입구 장식도, 높은 담장도, 아파트 내 상가도, 거추장스러운 건 아무것도 없었다. 이미 지어진 것 외에 부가적으로 필요한 것들은 부지런한 경비원 아저씨들이 직접 만들었다. 벽돌을 쌓아 벤치를 만들고, 어디선가 촌스러운 조각을 주워와 풀밭에 올려두기도 했다. 철근을 구부려 울타리를 만들고, 각 잡힌 글씨로 '잔디보호'라고 써놓았다. 대나무를 좀 심어놓고 이곳이 유명한 대나무 숲이 될 거라고 이야기하던 생각도 난다. 생각해보면 정말 부지런한 사람들이었다. 아저씨들 덕분에 우리 단지는 매일 변화하는 곳이었다. 쓰레기통에 밝은색 페인트를 조금 칠해본다든지, 꽃이 잘 보이는 쪽으로 돌의자를 조금 돌려놓는다든지 하는 정도의 변화였다. 무엇이 바뀌었는지는 나 정도 한가한 사람이 아니고서는 절대로 눈치챌 수 없었다. 나는 그런 점이 정말 마음에 들었다.

지금은 연희동에 살고 있다. 어릴 때 살던 아파트 단지처럼 윗동네, 아랫동네로 나누어져 있다. 난 키가 많이 컸으므로 당연히 지금은 윗동네에 살고 있다. 아랫동네엔 사러가 쇼핑센터라는 거창한 이름의 마트가 있다. 사러가 쇼핑센터는 내가 17년 전 맨 처음 이곳에 왔을 때부터, 아니 훨씬 이전부터 자리를 지키고 있는 이 동네의 변하지 않는 풍경이다. 마트 옆에는 마트만큼이나 큰 공터가 있다. 사러가 마트의 주차장이다. 사러가 마트의 주인은 돈이 아주 많은 사람인지, 아님 이곳을 아주 사랑하는 사람인지 궁금하다. 이 비싼 땅을 개발하지 않고 공터로 남겨놓는 건 엄청난 낭비라는 것을 알고 있다.

연희동은 참 조용한 곳이었는데 요즘은 많이 심란하다. 명동에나 있는 줄 알았던 정신 나간 핸드폰 가게가 아랫마을에 생겼다. 그곳에선 인형이 춤을 추고 하루 종일 시끄러운 노래가 흘러나왔다. 동네에 간판이 점점 커지고 있다. 신촌이 이렇게 당했고, 홍대입구가 이렇게 당했고, 연남동이 이렇게 당했다. 나는 그런 것을 다 보고 자라왔다. '이제 우리 차례인가?' 싶은 마음에 나는 사러가 마트를 걱정한다. 그 마트마저 없어지면 이곳도 끝나는 것이다.

늦은 밤, 핸드폰 가게가 불을 끄는 시각이 되면 주차장의 풍경은 사뭇 달라진다. 차가 없는 주차장은 아스팔트 공원으로 변한다. 아무것도 없는 곳을 가로등은 성실하게 비춘다. 마치 스케이트장처럼 미끈하고 깨끗하다. 그 모습은 매일 봐도 소복이 눈 쌓인 아침을 보는 것처럼 매번 놀랍다. 난 가끔 그곳을 지나며 크게 숨을 내쉴 때가 있다. 이 넓은 땅이 아무것도 안 하고 있다는 사실만으로도 큰 위로가 된다. 주차장의 담장은 겨우 무릎 정도의 높이라서 아무나 쉽게 들어갈 수 있다. 사람들은 그곳에서 배드민턴을 치고, 자전거 타는 연습을 한다. 심란한 연희동을 사러가 마트는 이렇게 위로한다. 주차장은 아침에도, 밤에도 주차장이다. 이곳을 공원입네 꾸미지 않았다. '이곳은 주민들을 위해 개방된 장소입니다.'라고 적어놓지도 않았다. 처음부터 주차장은 일관적으로 나에게 무심했다. 내가 기댈 수 있는 무심한 존재가 있다는 점, 나는 그 점이 정말 마음에 드는 것이다.

어느 위대한 건축가가 설계한 건물을 둘러보았다. 사람들이 어느 곳에서 지루함을 느끼길 바랐을지, 어느 곳에서 탄식을 내뱉길 바랐을지 건축가의 명쾌한 의도를 알 수 있었다. 이토록 요염한 형태를 구현하기 위해 얼마나 공을 들였을지, 심지어 건축가의 혈액형이 A형일지 B형일지까지, 모든 것이 눈에 선했다. 보기 드문 훌륭한 건물이라며 감탄했지만, 역시나 그 이상의 흥미는 생기지 않았다.

건축가는 공간을 다루며 항상 무언가를 의도한다. 얼마나 좋은 건축인지는 그 의도가 얼마나 자연스러운가에 달려 있다. 아주 저급한 수준의 건축가는 그 의도를 너무 적나라하게 드러낸 나머지 그 공간을 싫어하도록 만든다. '걷고 싶은 거리'라고 적힌 거리에 들어서면 걷고 싶지 않아지는 것과 같은 이치다. 훌륭한 건축가는 그 의도를 숨기기 위해 작은 디테일을 고민한다. 머뭇거리지 않고 새로운 공간에 들어가게 하기 위해 문틀을 숨기고, 풍경과 하나가 되는 데 방해가 되는 난간은 최대한 얇게 만든다. 공간의 분위기에 거스르지 않도록 재료의 온도까지 신경 쓴다.

잘 지은 건물을 보면 그런 노력이 보인다. 필요 없는 것을 드러내지 않으려는 노력, 벽돌과 타일의 간격을 일정하게 유지하려는 노력, 마치 아무 노력 안 한 듯 보이려는 노력…. 그런 노력의 흔적을 보며, 나는 하루 이틀 사흘 그것을 위해 희생했을 수많은 건축인의 밤을 기린다. 그것을 구현하기 위해 입에 쌍욕을 달고 살았을 노동자들을 기려본다. 이것은 건축인가 기념비인가?

훌륭한 건축물 옆에 초라한 담벼락이 있다. 건축가는 담장보다는 건물이 돋보이길 바라는 마음으로 담벼락을 일부러 초라하게 만들었다. 그리고 그 앞에 고양이가 한 마리가 불쑥 생겨났다. 어디서 나타났다고 설명하기엔 조금 애매한 구석에서 '생겨났다'고 할 수 있다. 고양이는 슬금슬금 다가가더니 담장과 건물 사이 비좁은 공간에 식빵처럼 몸을 구겨 넣기 시작했다. 도대체 왜 그러는지는 우리 묻지 말기로 하자. 가장 위대한 건축물 앞에서 난 고양이에게 시선을 빼앗겨버렸다. 한참 동안 고양이를 쳐다보았다. 고양이는 내 존재를 알고 있지만 나를 쳐다보지 않았다. 나는 고양이의 이런 의뭉스러운 성격이 좋다. 고양이는 건축가의 의도를 깡그리 무시하고 가장 쓸모없는 공간에 몸을 맞춘다. 마치 아이들이 아파트 단지 구석마다 기능을 부여하던 것처럼 고양이는 그렇게 건물을 이용하고 있었다.

건물은 아무리 잘 지어봐야 건물이라는 생각을 한다. 자연은 아무런 노력도 하지 않는다. 그래서 위대하다. 건축이 아무리 노력한들 자연을 따라올 수 없는 이유가 바로 그것이다. 어떤 훌륭한 설계도 자연스러움을 계획할 수는 없는 법이다.

나는 내게 해답을 주는 공간보다 질문을 던지는 공간이 좋다. 완성된 공간보다는 완성되어가는 공간이 좋다. 누군가의 의도로 만들어진 공간은 흥미가 떨어진다. '이곳에서 뭘 하면 좋을까?' 궁리하게 만드는 공간이 더 좋다. 마음에 드는 공간이 있다면 난 헤집고 다니며 이런저런 역할을 부여할 것이다. '이곳은 팽이를 돌리기에 좋겠군. 그리고 이곳은 앉아서 빵을 먹기에 좋겠어….' 그래서 나는 건물보다 광장이 좋다. 건물보다 공원이 좋고, 골목길이 좋다.

아무리 그래도 건축가가 건물을 좋아하지 않아서야…. 다행히도 시간은 모든 것을 자연으로 되돌려놓는다. 카리스마 넘치던 어느 건축가의 실험은 먼 훗날 콩트가 되어버렸다. 콜로세움은 건물이었지만 이제는 산이나 바위 같은 덩어리가 되어버렸다. 무언가를 의도해야만 하는 건축가의 원죄에서 벗어날 수 없는 나에게 이런 사실은 큰 위안이 된다. 내가 좋아하는 광장도, 골목도, 사러가 마트 주차장도 처음에 태어날 땐 모두 건축이었다고 한다. 건물에 때가 타고, 건물이 촌스러워 보이기 시작하고, 건축가의 의도를 벗어나 건물이 스스로 웅얼거리기 시작하면 그때부터 나는 건물에 대해 마음을 열기 시작한다.

"어떤 건물이 좋으세요?" 이 질문에 대해 다시 생각해본다. 난 담장에 낀 고양이가 좋다. 아무것도 하지 않는 주차장이 좋고, 경비 아저씨의 부지런함이 좋다.

좋아하는 건물이 잘 생각나지 않는다고 말한 것은 그런 곳이 아직 없기 때문이 아니라, 그런 곳은 너무 흔하기 때문이었다.

신해경

담다디

이상의 모든 글 중에서 〈권태〉를 가장 사랑한다. 수필 〈권태〉의 마지막 문단은 이렇게 시작한다. "암흑은 암흑인 이상 이 좁은 방의 것이나 우주에 꽉 찬 것이나 분량상 차이가 없으리라." 나는 종종 신해경의 음악을 들으며 우주를 떠올렸다. 방문을 닫고 커튼을 치고 그의 노래를 틀었다. 이상의 말마따나 그때마다 나의 방은 우주였을지도 모르겠다고, '이상한 밤'으로 시작하는 이 노래를 들으며 다시 생각했다.

에디터 **김혜원** 포토그래퍼 **Hae Ran**

담다디
00:03:32

이상한 밤 그대가 다가오네요
병든 내 모습을 봐
가슴이 아파오길 바래요 바래요

외로운 밤 그대의 소식 들어요
매일 깊어진 밤은
그대가 전부인 걸 아나요 아나요

언젠가 그댄 홀로 찾아와
날 반겨주고 날 안아주고
서로를 느껴요

담다디 담 담다디 담
담다디 담 담다디 담

언제든 그대 돌아와요
시간이 우릴 지울 때까지
언제든 그대 돌아와요
시간이 우릴 지울 때까지

지울 수 없어 잊을 수 없어
끝날 수 없어
지울 수 없어 잊을 수 없어
끝낼 수 없어

아늑한 밤 언제나 그리워져요
그대가 떠나간 다음
앙상한 추억들만 남아요 남아요

신해경은 2014년 노래 '언젠가'로 데뷔했다. 당시 이름은 '더 미러The Mirror'였다. 2016년까지 더 미러로 활동하며 다섯 곡의 싱글을 발표했고, 이후 2017년 2월 22일 '신해경'이라는 이름으로 첫 EP [나의 가역반응]을 발표하며 주목받았다. 신해경이라는 이름은 시인이자 소설가인 이상의 본명 '해경'에서 왔다. '담다디'는 작사, 작곡, 편곡, 연주, 레코딩, 믹스, 프로듀스의 모든 작업을 혼자 해내는 신해경이 2018년 4월 4일에 발표한 싱글로, 후에 발매할 정규 앨범의 선공개 곡이다.

'담다디'라는 제목이 익숙한데요. 어떤 의미인가요?
제가 이상은 선배님을 좋아해요. 제일 좋아하는 한국 뮤지션이 이상은, 서태지 선배님이거든요. 그런데 어느 날 '담다디' 가사를 보는데 엄청 슬프더라고요. "그대는 나를 떠나려나요, 내마음 이렇게 슬프게 하고, 그대는 나를 사랑할 수 없나요." 이런 가사인데요. 그걸 보고 곡에 투영시키면 재미있겠다 싶었어요. 사실 이 정서를 잇는 무언가를 해야겠다는 생각을 많이 했거든요.

이 노래를 만들기 전부터 이상은 씨의 어떤 걸 가져와 내 곡에 넣겠다고 생각했다는 거죠?
네. 그런 생각을 항상 했는데, '담다디' 가사가 지금 작업 중인 정규 앨범의 스토리라인에 좋은 정서, 힌트를 많이 줬어요. 그런데 사실 이런 이야기가 좀 애매한 게, '담다디'가 이상은 선배님이 작사·작곡한 곡은 아니에요. 그렇지만 좋아하는 곡이니까요. 어쨌든 그런 순애보를 제 식대로 해석한 게 저의 '담다디'예요.

가사에 '그', '그녀'가 아닌 '그대'가 자주 등장해요.
화자가 남성인지 여성인지 느껴지지 않으면 좋겠다는 생각에 '그대'라는 표현을 썼어요. 자신의 이야기가 아니어도 음악을 듣고 상상하게 되잖아요. '아, 어떤 여자가 그렇게 생각했구나.' 혹은 '어떤 남자가 그렇게 생각했구나.' 하고요. 상상할 수 있도록 열어두는 게 더 중요하다고 생각하거든요.

'담다디' 가사 속 '그대'도 특정 인물이 아닌 거죠?
친한 친구일 수도 있고 예전에 좋아하던 사람일 수도 있어요. 그냥 그리움의 대상으로 남겨둔 거예요. '담다디' 가사에 많이 담으려고 한 건 '애증'인데요. "이상한 밤 그대가 다가오네요, 병든 내 모습을 봐" 쓰면서도 '진짜 이렇게 써도 되나?' 하는 생각을 많이 했어요. 말 그대로 해석하면 되거든요. 예를 들어 좋아하는 사람을 만나면 괜히 더 티를 내는 거예요. 나 이렇게 힘들다고. 투덜대는 것보다는 밉다고 느낄 정도의, 애증의 느낌까지 가고 싶었어요. 그래서 조금 더 진심을 얘기하고 싶다고 생각하면서 가사를 썼어요. "지울 수 없어 잊을 수 없어, 끝날 수 없어", 이 부분도 이 정도로 직설적으로 가사를 쓰지 않는데, 엄청 솔직해야 하는 구간이라고 생각해서 그렇게 썼고요.

이 구간에서는 이런 감정을 담겠다고 생각하며 작업하는 거예요?
아, 저도 그게(웃음), 이런 걸 넣어야지, 이렇게 하면 좋겠다, 이러고 곡을 한 20개 버렸어요. 안 되니까요. 그런데 저는, 잘 안 되는데 어떻게 좀 구겨 맞추려고 꽤 노력을 해요.

솔직한 감정이 담겨서인지 가사가 이전보다 조금 더 와 닿는 것 같아요.
과거에는 제 개인적인 게 없다는 생각을 많이 했어요. 그러니까 [나의 가역반응]을 만들 때도 내 개인적인 성향은 존재하지 않는다, 음악에 '나'는 없고 이 음악은 내가 만들어낸 세계다, 하는 생각을 했거든요. 애증이라고 말씀드린 것에 솔직하게 얘기한다는 뜻도 있는 것 같아요. 그리고 저도 솔직하게 다 얘기하는 편이거든요.

일상에서 자주 쓰이지만 노래에는 잘 등장하지 않는 소재를 음악으로 많이 가져오는 것 같아요. 특히 지난 EP에서의 '나의 가역반응'이나 '화학평형' 같은 거요. 평소에 새로운 단어를 수집하는 건지 궁금했어요.
그런 건 없어요. 대신 누군가를 좋아하면 푹 빠져서 좋아해요. 예를 들어 어떤 작가를 좋아하면 온종일 그 사람만 찾아봐요. 그러면서 '어, 이런 것도 있네.' 하며 발견하게 되는 거죠.

요즘 새롭게 좋아진 사람 있어요?
좋아하는 사람들을 계속 찾아보는 일이 더 많아요. 그러니까 '마이 블러디 발렌타인'의 케빈 쉴즈의 근황, 서태지, 이상은 선배님의 근황. 그리고 제가 '비치 보이스'의 [펫 사운즈] 앨범을 진짜 좋아해요. 그래서 브라이언 윌슨이 어떻게 지내는지도 찾아봐요.

해경 씨의 10대 시절이 궁금해요. 지금의 신해경은 그때 완성되지 않았나 하는 생각을 했거든요.
맞아요(웃음). 고등학생 때는 학교에서 존재감이 별로 없었어요. 자고, CDP로 음악 듣고, 수업 중에 혼자 멍 때리는 애들 있잖아요. 그런 애였어요, 저도.

혹시 처음 산 CD 기억해요?
서태지 선배님의 [울트라맨이야]요. 어느 날 인터넷 검색을 하다가 서태지 선배님의 음악을 들었어요. '하여가' 같은 곡들이 계속 귀에 맴도는 거예요. 앨범을 사야겠다 싶어서 부모님과 레코드 가게에 갔죠. 서태지와 아이들 CD 있냐고 물어보니까, 그건 없고 서태지 CD가 있다는 거예요. 처음 [울트라맨이야] 듣고 '왜 이렇게 좋지?' 그러면서 음반을 차곡차곡 모으기 시작했어요.

음악은 어떻게 시작하게 된 거예요?
음악을 해야겠다는 생각은 해본 적이 없어요. 중학생 때는 그냥 기타 멋있게 치고 싶다는 생각을 했었는데, 제 단점이 흥미를 빨리 잃는다는 거예요. 반년 정도 기타를 배웠는데 바로 흥미가 떨어지더라고요. 그래서 좀 창피한 얘기지만, 전 기타를 못 쳐요(웃음). 아무튼 그러다 고등학생 때는 음반

을 사서 듣는 일이 너무 좋아졌어요. 수업 시간에도 음악 듣고 싶다는 생각만 하고, 친구와 버스 요금 아껴서 음반 산 다음에 집까지 걸어오면서 듣고. 음반 사고 듣는 거에 미쳐 있었죠.

음악을 만들게 된 결정적 계기가 있다면요?
고3 때 레코드 가게인가 어딘가에서 음악을 혼자 만들 수 있다는 얘기를 들었어요. 사실 고등학생 때 밴드를 했었어요. 제 자작곡으로 연주한 적도 있고요. 그런데 이견 조율이 잘 안 되는 거예요. 그러니까 '나랑 밴드는 안 맞는구나.'라는 생각을 하던 때에 그 얘기를 들은 거죠. 밤새 미디 가지고 놀고 학교에서 자고, 이런 식이었어요. 그때 아예 변해버린 것 같아요. 그 전에도 음악을 만드는 데 관심이 조금 있었지만, 그때 이후에 마음이 엄청나게 커져 버렸어요.

어떤 점이 흥미로웠어요?
잘 안 되니까 그랬던 것 같아요. 머릿속에서는 이렇게 하면 될 것 같은데, 안 되니까요. '왜 이게 구현이 안 되지?' 고민을 하면서 스무 살, 스물한 살 때 만든 음악이 군대를 전역하고 음악을 하는 데 도움이 많이 됐어요.

이상에 관해서도 얘기해보고 싶어요. '해경'이라는 이름도 그렇고, 이상과 떼려야 뗄 수 없잖아요.
제가 문학 시간에 교과서에 나오는 소설을 항상 재미있게 봤어요. 선생님이 수업할 때 그것만 계속 찾아 읽는 거죠. 아마 〈날개〉가 고등학교 교과서에 있었던 것 같아요. 그래서 관심이 좀 있었는데, 음악 관련 책을 사려고 한참 서점에 다닐 때였어요. 책을 사면 음악을 잘 알 수 있을 거란 생각이 들어서(웃음). 아무튼 그러다 이상 전집이 있어서 사게 됐어요. 그래서 그냥 읽은 것뿐이에요. 이상에 대해 많이 안다고 말할 수도 없어요. 전집을 다 읽었을 뿐이고 그중 좋아하는 걸 계속 보는 거고요.

작품들을 읽으며 어떤 느낌이 들던가요?
엄청 어두웠어요. 나이를 먹고 보니 '이 사람 두려워하네.'라는 생각이 들었고요

계속 찾아 읽게 되는 작품은 뭐예요?
〈봉별기〉나 〈날개〉 같은 유명한 작품들이에요.

글을 쓰고 싶었던 적은 없어요?
군대 가기 전에 써봤어요. 그런데 저는 그런 걸 잘 알아요. 재능이 없는 것은 확실하게 알아요. 소설을 좋아하니까 한번 써봤는데, 이건 아니에요.

해경 씨 음악의 공간감이 참 좋아요. 혹시 내 음악은 언제 어디에서 들으면 더 좋다, 생각해본 적 있는지 궁금해요.
대부분 아실 거예요. 저도 이 답을 알아요. 자기 전에 들으면 좋대요(웃음). 그런데 전 그런 시간과 장소를 생각하고 음악을 만들진 않아요. 그보다는 '지금 이런 얘기를 하는구나.'를 알면 조금 더 재미있지 않을까 하는 생각을 많이 해요.

무대에 서는 건 어때요? 혼자 만든 노래를 여러 사람과 연주할 때는 조금 다른 느낌일 것 같은데요.
되게 재미있어요. 공연 도와주시는 분들, '코가손'의 이기원, '공중그늘'의 이해인, '교정'의 이기학, 이 세 명이 힘이 많이 돼요. 너희 얘기 다 했어(웃음). 그런데 진짜 만약에 이 사람들이 인간적으로 저한테 좋지 않았으면 일을 못 했을 것 같다는 생각도 많이 해요. 처음에는 저랑 기원이 형 둘이 무대에 올라갔거든요? 당시에는 베이스와 드럼이 없었어요. 거의 반실성 상태였죠. 저한테 세 명이 에너지를 많이 줘요. "잘해. 잘한다고, 바보야." 이런 얘기도 큰 힘이 되고요. 저번에 공연할 때는 긴장을 전혀 안 했어요. 진짜 힘이 되는 걸 느꼈죠.

음악을 만들기 시작하고 무대 위의 모습을 상상하기도 했나요?
처음 음악할 때는 이거밖에 없었어요. '나 혼자 한번 다 해볼까?' 그 과욕이 여기까지 온 그런(웃음)….

아니, 왜 과욕이라고.
사실 한계에 너무 많이 부딪혔어요. 음… 그리고 제가 생각할 때, 이 나이에는 이렇게 할 수 있어야 해, 하는 게 있었는데요. 스물다섯 때까지는 20대 후반에 대한 환상이 조금 있잖아요. 그런데 거기에 반도 못 간 기분이에요. 그래서 조금 답답해요. 일이야, 제가 생각한 것보다 훨씬 더 많은 사랑을 받아서… 그건 정말 기대 100배 이상이에요. 감사하게도 제 생각보다 더 많은 분이 좋아해주셨어요. 하지만 제 능력에 대해서는 아직 반의반도 못 간 것 같아요.

앞으로 해경 씨의 목표가 궁금해요. 고루한 표현이지만, 중요한 건 속도가 아니라 방향이라는 말도 있잖아요.
오래 듣고 싶은 좋은 앨범을 만드는 게 목표예요. 김현철 선배님 1집, 이상은 선배님 [공무도하가] 같은 앨범이요. 그리고 제 음악의 완성도가 어디까지 발전할까 궁금해요. 좋은 뮤지션들은 모두 자신을 발전시켰다고 생각하거든요. 내가 얼마나 발전할 수 있을까? 큰 과제예요.

지금 첫 정규 앨범을 준비 중이라고 했는데요. 세부적인 계획이 궁금해요.
사실은 '올해 낸다.' 이건데, 다시 봐야 해요. 저는 일단 무조건 제 마음에 들어야 하거든요. '내가 이 정도까지는 해야 한다.' 이런 게 있어요. 그래서 언제든 그 정도 시기가 오면 내지 않을까 싶어요.

마지막으로 꼭 하고 싶은 말 있어요?
음, 뭐가 있을까요. 제가 걱정이 많아요. 걱정을 달고 살아요. 그래서 아까 그 세 분께 죄송하다는 말을 여기에서라도 전하고 싶어요. 힘들다는 얘기만 하는 저를 챙겨주는 주위의 모든 분께도 감사하고 죄송하다는 말을 전합니다(웃음). 마지막으로 항상 제 음악 기다려주시고 들어주시는 팬 분들께 감사드립니다.

BOOK 《나를 닮은 집짓기》, 《9평 하우스》

A Skill To Build A House

집짓기의 기술

한 여자가 태어나 처음으로 집을 짓는다. 크고 화려하지는 않지만 꿈꾸는 행복이 담긴 그런 집을. 《나를 닮은 집짓기》는 행복하기 위해 집을 짓는, 고통스럽지만 뿌듯한 과정에 관한 이야기다. 이 책과 함께 읽은 《9평 하우스》는 9평으로 된 작고 네모난 상자 같은 집을 짓고 사는 사람들에 관한 책인데, 어떤 집을 짓고 싶은지 상상할 때면 나는 늘 9평 하우스 같은 집을 떠올리곤 한다.

글 한수희 일러스트 김지하

한때 나는 건축이나 인테리어 책을 많이 읽었다. 그 당시에 나는 집 짓기와는 하등 관련이 없는 변두리 가정주부의 삶을 살고 있었다. 내가 사는 집은 인테리어라고 부를 만한 것도 없는 그냥 아파트이거나 남들은 거들떠보지도 않을 낡고 어두운 단독주택이었고, 그래서 누군가가 대체 왜 그런 책을 읽고 있느냐고 물으면 할 말이 없었다. 하지만 모든 일에는 이유가 있는 법이다. 그때 나는 내 삶을 바꾸고 싶었다. 그리고 삶을 바꾸는 데는 집이라는 공간의 영향력이 절대적이라는 점을 비로소 깨달았던 것이다.

남들처럼 아파트에 살지 않고 소중한 돈과 시간을 투입해서 집을 지을 결심을 하게 된 것은 남이 만든 공간에 나를 끼워 넣는 것이 아니라 내 마음에 드는 집에서 내 뜻대로 살고 싶다는 열망 때문임을 잊어서는 안 된다.
이런 면에서 주택 설계란 단순히 방 개수나 복도의 길이, 화장실의 위치를 정하는 것 이전에 그 집에서 어떻게 살기를 원하는가에 대한 총체적인 계획도라고 볼 수 있다. 어떻게 살고 싶은가. 그 답이 먼저 나와야만 어떤 집을 지을지에 대한 계획도 정교화할 수 있다. 집짓기는 그 전과는 다른 삶을 살겠다는 의지의 표현이다. 어떻게 다른 삶인지 구체적으로 생각해야 한다. 물이 그릇의 형태에 따라 모양 지어지듯 어떤 집에 사느냐에 따라 생활이 달라질 수밖에 없을 테니까.

– 박정석, 《나를 닮은 집짓기》 중에서

작가 박정석이 쓴 책 《나를 닮은 집짓기》는 아마 한국에서 출판된 집 짓기에 관한 책 중 가장 사적이고 또 신랄한 고백서일 것이다. 사람들은 대개 집 짓기에 환상을 품고 있고 집 짓기에 관한 이야기들 역시 그 환상을 아름답게 덧칠하기 마련인데, 이 책은 그런 이야기를 들려주지 않는다. 책을 다 읽고 나면 내가 집을 한 채 짓기라도 한 듯 어깨가 쑤실 지경이다. 집 짓는 건 아무나 하는 일이 아니라는 생각도 든다. 하지만 그만큼 흥미진진하고 재미있는 책이기도 하다.
막 중년이 된 여자가 바다가 보이는 곳에서 살고 싶다는 어린 시절부터의 꿈

을 이루기 위해 강원도의 한 도시에 땅을 사 집을 짓기 시작한다. 동물을 사랑해 '둘리틀'이라는 별명으로 불리는 남편은 서울에서 밤낮없이 일을 하고, 그녀 홀로 펜션과 모텔방, 여인숙을 전전하며 집 짓는 남성들의 거친 세계에서 고군분투하는 것이다.

집짓기를 하다 보면 지금 하는 공사가 세상에서 제일 중요한 일처럼 느껴질 때가 있다. 집짓기만이 아니다. 지금 몰두하고 있는 뭔가가 점점 커져서 작은 머릿속을 가득하게 채울 때가 있다. 평정심, 예의, 부끄러움, 다른 어떤 생각도 들어올 틈이 없을 정도로 빼곡하게.
하늘을 올려다보라. 낮이면 별이 없겠지만, 흐린 밤이어도 별이 안 보이겠지만, 마침 운 좋게도 맑은 밤하늘이라면 드넓은 우주 여기저기서 반짝이는 무수한 별들이 보일 것이다. 무한한 공간과 시간 속에서, 우리는 찰나처럼 짧은 시간에 살다 가는 티끌 같은 존재들이다. 그런 티끌이 화장실 배관 때문에 악을 쓰고 있다니, 코미디가 따로 없다.

– 박정석, 《나를 닮은 집짓기》 중에서

집 짓기는 돈을 주고 통째로 누군가에게 맡기지 않는 이상, 한정된 예산과 빠듯한 일정으로 꾸릴 수밖에 없는 이상, 고행 그 자체다. 처음부터 끝까지 계획대로 되는 일이 없다. 도면을 그리는 것부터 내가 원하는 집을 지어줄 설계사무소와 건축사를 만나는 일, 그들에게 나의 (그들이 생각하기에는 허황되거나 초라한) 계획을 납득시키는 일, 기초 공사와 철근 콘크리트 공사부터 시작해서 미장, 지붕, 도장, 위생설비까지 난관의 연속이다. 콘크리트 공사가 끝난 창틀에는 분명 설계도에는 없던 볼썽사나운 장식이 달려 있고(설계사무소 소장의 미적 취향과 자부심), 변기와 세면대는 욕실을 훵하게 만들 정도로 사이좋게 붙어 있으며, 분명 투명 유리로 해달라고 신신당부를 한 집의 모든 유리창에는 초록색 유리가 끼워져 있다. 심지어 그녀가 없는 사이에 사람들은 전봇대를 마당 한가운데에 우뚝 세워두기까지 했다. 이 모든 일 앞에서 건축주인 작가는 머리끝까지 화가 치솟다가 악을 쓰며 싸우다가 결

141

국 포기했다가 무슨 수를 써서라도 자신의 의지를 끝까지 관철한다. 하지만 이긴다고 해도 한 톨만큼의 승리감도 느낄 수 없다는 게 이 싸움의 본질이다. 집 짓기가 뭐라고. 집이 대체 뭐라고.

우리 집을 짓기 위해 몇 명의 사람들이 동원되었더라. 그렇게 많은 숫자의 사람들이 온전히 나 한 명을 위해서 무언가를 해 주었던 적이 지금껏 또 있었던가.
우리 집.
둘리틀과 내가 여태 소유한 어떤 물건도 이렇게 크고 근사하지는 못했다. 나는 그 흔한 휴대전화조차 남의 것을 물려받아서 썼다. 뭔가 갖고 싶다는 생각을 마지막으로 한 게 대체 언젠지 기억도 나지 않았다. 소소한 쇼핑욕구 같은 건 말라버린 지 오래였다.
그런데 저 집은, 저 집만은 꼭 짓고 싶었다. 지금 바로 저 모습으로 어떻게든 짓고 싶었다.
우리가 계획한 그대로였다. 단순하고, 소박하며, 불필요한 부분은 보이지 않았다. 마당에 잔디를 깔고 나무를 좀 심으면, 그러면 지금보다 훨씬 더 아름다워질 것이다.
완성된 집의 모습에 나도 모르게 천천히 심호흡을 했다. 오랜 시간에 걸쳐 피를 말려가며 완성한 예술 작품을 눈앞에 두고 모든 창조자가 한 번쯤 느꼈을 법한 괴상한 충동, 즉, 집을 홀랑 불태워 버리고 싶은 욕망에 몇 초간 시달렸지만 곧 극복했다.

　　　　　　　　　　　　　　　　　　－ 박정석, 《나를 닮은 집짓기》 중에서

결국 집은 완성되었다. 몸과 마음은 만신창이가 되었다. 하지만 드디어 그녀에게는 자신만의 집이 생겼다. 그녀가 원하던 바로 그, 조금은 모자라긴 하지만, 아무튼 바로 그 집이.

오래전 어느 날 나는 한 공인중개사 사무실에 앉아 아파트 전세 계약을 준비 중이었다. 공인중개사 아주머니는 우리에게 27평 아파트를 세놓고 이사 갈 주인에게 물었다.
"어디로 이사 가시려고요?", "건너편 32평으로요.", "아니, 왜?" 집주인은 비밀 이야기라도 하듯 목소리를 낮추었다. "우리 애가 친구네 집보다 좁다고 자격지심 느끼는 것 같아서."
그때도 그 말이 참 의아했고 지금도 의아하다. 나는 아이가 같은 말을 하면 "세상엔 집 없이 사는 사람도 있어."라고 말하는 매정한 엄마다. 그 집주인은 나보다 좋은 엄마였는지도 모른다. 낡고 춥고 작은 단독주택에서 살 때 우리 아이들이 내게 물어본 적이 있다.
"엄마, 우리 집은 가난해?", "왜 그렇게 생각하는데?", "그냥… 가난한 것 같아서. 우리 집은 너무 오래됐잖아.", "뭐, 가난할 수도 있고 부자일 수도 있지. 그래도 난 이 집이 좋은데?"
내 아이들이 이런 나에게서 태어나 작고 낡은 집에 대한 콤플렉스를 안고 자란다면 글쎄, 어쩔 수 없는 일이다. 집의 크기로 자신의 가치를 재단하다니, 미안하지만 그런 가치는 가치라고 치지도 않는다. 문제는 자기가 사는 곳을 좋아할 수 있느냐, 없느냐일 뿐. 아파트에 살건 주택에 살건, 넓은 집에 살건 좁은 집에 살건 그런 건 상관없는 게 아닐까. 좋아하지도 않는 장소에서 살아가는 인생이야말로 불행한 인생이 아닐까.

9평 하우스는 분명 크지 않다. 그렇지만 "여기로 돌아오면 편안해진다." 가즈히로 씨와 유키 씨는 그렇게 입을 모은다. 있어야 할 곳에 물건을 정돈할 수 있다. 이 정갈하고 단정한 느낌이 좋다. 자신들은 이러한 공간을 갖고 싶었다고 지금도 새삼 생각한다.
"우리 가족에게는 이 집이 딱 알맞아요."

　　　　　　　　　　　　　　　－ 하기와라 유리 외, 《9평 하우스》 중에서

《9평 하우스》는 딱 9평짜리 네모난 상자 같은 집과 그 집에서 살아가는 사람들에 관한 책이다. 오래전 한 건축가가 자신과 가족을 위해 지은 9평짜리 2층 집에서 착안해 현대의 건축가들이 이 집을 개량한 버전으로 판매한다. 창고처럼 반듯하고 네모난 집의 모양을 좋아하는 나는 이 9평 하우스가 단번에 마음에 들었다. 나도 9평 하우스처럼 내 손길이 구석구석까지 미칠 수 있을 정도로 작은 집을 좋아한다.

크고 멋진 집이 아니라 작고 단순한 9평 집을 선택한 사람들은 이 집에서의 삶에 대해 이야기한다. 처음에는 너무 좁지 않을까 걱정했지만 9평을 기본으로 옆으로 증축할 수 있는데다 살아보니 실은 집이 그렇게 넓을 필요는 없다는 것을 깨닫게 되었다는 이야기. 전면이 통유리로 개방되어 있어 집이 훤히 들여다보이는 쪽이 오히려 더 안전하다는 사실도 알게 되었다는 이야기. 그런 이야기들.

아이들이 고등학생 정도로 성장하면 이 집에서의 생활은 어떻게 될까요? 앞일은 예상할 수 없어요. 고작 5년이 한계지요.

맞아요. 그렇지 않으면 그때 움직일 수 없지요.

먼 장래의 일을 지금 생각한다고 해도, 그때가 되어보지 않으면 막상 모르잖아요. 그러니 처음부터 안채에 방을 만드는 것은 생각도 못했어요. 그때가 닥칠 때까지 이대로 쭉 살다가 아이들이 아무래도 방을 갖고 싶다고 말할 때 생각해보려고요.

(중략)

어쩌면 20년 후에는 부모 요양이 시작될지도 모르지요. 하지만 그렇게 앞날의 일까지 생각하며 살 수는 없잖아요. 그러니까 지금 지내기에 좋은가 아닌가를 더 중요한 것으로 여기고 싶어요.

그런 식으로 단순하게 생각하는 게 좋아요. 꽤 많은 사람들은 그렇게 생각하지 않는 것 같아요. 집을 짓는 시점에서 자신의 노후까지 생각하는 사람도 있더군요. 집을 짓는 것은 한 세대의 과업이라고 믿어버리는 거지요.

집을 '최후의 거처' 쯤으로 생각하나보네요. 앞으로는 아이들이 살면 되고 이 집이 너무 좋다는 사람이 계속 이어서 살아주어도 좋고요. 무엇보다 얽매이지 않는 게 좋잖아요.

— 하기와라 유리 외, 《9평 하우스》 중에서

집 짓기는 두려운 일이다. 과정 자체도 그렇지만 잘못된 위치에 뚫은 창을, 부족한 전기 콘센트를, 이상한 방 배치를 평생 감내하면서 살아야 한다고 생

각해보라. 지난날의 과오를 끌어안고 평생 회개하며 살아가는 죄인의 심정일 것만 같다. 게다가 나는 쓸데없이 예민해서 수평이 잘 맞지 않는 선반을 보면서도 하루 종일 우울해하는 사람이 아니던가. 어쩌면 나는 완공 직전 심장마비로 죽을지도 모른다. 아니면 완공된 후 병에 걸렸다는 사실을 알게 되거나.

우리가 지난가을 춥고 추운 단독주택을 떠나 이사 온 집은 산자락에 붙어 있다. 차도 들어올 수 없는 막다른 골목 좁은 언덕길을 힘겹게 올라야 닿는 볼품없이 낡은 빨간 벽돌 빌라. 아무리 긍정적으로 보아도 좋다고 말하기 어렵다.

하지만 그 빌라 1층에 자리한 우리 집의 가장 넓은 방(이 방을 거실로 만들었다)에 앉아 창밖을 바라보면 온통 산의 풍경이다. 정말로 산에 딱 붙어 있어서 산에서 자란 꽃나무가 우리 집 창문에 닿을 정도다. 산의 풍경은 건물의 풍경과는 달리 계절마다 변한다. 겨울은 앙상하지만 상쾌할 정도로 깨끗한 풍경이 펼쳐지고, 봄은 온통 연두색과 노란색, 분홍색으로 따뜻한 숄을 덮은 듯하다. 이제 여름이 오면 눈이 시릴 정도로 푸른 초록의 바다가 나타나겠지. 이런 풍경을 매일 바라볼 수 있다니, 이보다 더 큰 호사를 누리기도 힘들 것 같다.

집을 지을 때 건축주는 수많은 것들을 고려하겠지만 궁극에 놓인 것은 행복이다. 집짓기뿐만이 아니다. 우리 인간이 행하는 모든 일들이 그렇다.

— 박정석, 《나를 닮은 집짓기》 중에서

우리의 다음 집은 어떤 집이 될까. 아마도 강원도의 작은 시골집이 될 것이다. 우리는 늘 꿈에 대해서 이야기하고 그 일들은 대개 이루어지는데, 그것은 우리의 의지나 능력 덕분이 아니라 아주 오랫동안 소중히 간직해온 꿈은 이루어지지 않을 수 없기 때문이다. 오랫동안 꾸는 꿈은 늘 현실에 맞게 수정되고 또 수정되기를 멈추지 않기 때문이다. 그리고 오랫동안 꾸는 꿈은 결국 어느 순간 그 사람의 인생 자체가 되기 때문이다. 그저 꿈을 꾸는 것이 아니라 그 사람의 인생 전체가 그 꿈을 향해 조금씩 나아가고 있기 때문이다. 나는 작은 집에서, 낮게 엎드린, 조금도 눈에 띄지 않는 작은 집에서, 평화로운 매일매일을 보내고 싶다. 좋아하는 일을 하고 사랑하는 사람들과 어울려 시간을 보내다 그 작은 집처럼 낡아가면서 결국 이 세상을 떠나고 싶다.

이렇게 내가 생각하는 행복은 늘 집과 관련이 있고, 집을 짓는다는 것은 각자의 소박한 행복을 구현하는 일이다.

나를 닮은 집짓기
박정석 | 시공사

집이 필요한 단계부터 집을 완성하기까지 건축주의 이야기를 그대로 담았다. 집은 살아가는 사람의 취향이 그대로 묻어나는 공간이다. 자기만의 집을 짓는 일의 본질을 조금씩 되새겨볼 수 있다. 결국 집에 관한 이야기뿐만 아니라 '어떻게 살아야 할까'에 관한 이야기로도 연결이 된다.

9평 하우스
하기와라 유리 외 | 다빈치

저자 하기와라 유리는 지난 50여 년의 경험을 바탕으로 작은 집에 대한 새로운 기준과 원칙을 제시한다. 9평의 작은 집에서 자기 삶을 꾸려가는 방식으로 제안하는 것이다. 9평 하우스에 실제로 살고 있는 사람들의 목소리까지 생생하게 담아서 이해를 돕는다.

주위를 눈 여겨 보는 일

영화, 책, 노래 속에서 건축 찾기

건축물을 찾는 다양한 방법이 있다. 누군가는 건축 여행을 떠나고 누군가는 집 구조를 바꿔본다. 사람들은 저마다 다른 방식으로 주변에서 건축을 찾는다. 나는 영화, 책, 노래 속에서 건축을 찾았다.

에디터 **이자연**

그랜드 부다페스트 호텔
웨스 앤더슨 | 2014

"빛나는 이 두 형제는 어디서 왔기에 일순간 단합하여 창밖에 별이 총총한 하늘을 지나는가. 하나는 동쪽에서, 하나는 서쪽에서…."

1927년 세계대전이 한창이던 당시, 세계 최고 부호인 마담 D가 그랜드 부다페스트 호텔을 다녀간 이후 의문의 살인을 당하고 만다. 그녀는 유언을 통해 집안의 가보인 명화 '사과를 든 소년'을 호텔 지배인이자 연인인 구스타브에게 남긴다. 마담 D의 유산을 노리던 그녀의 아들 드미트리는 구스타브를 살인 용의자로 지목하고, 구스타브는 누명을 벗기 위한 기상천외한 모험을 시작한다. 미스터리를 해결하는 동안 형형색색 화려한 호텔의 모습을 감상하는 건 큰 기쁨이다. 구석구석 작은 소품까지 손이 닿지 않은 것이 하나도 없어 영화에서 눈을 떼기가 영 어렵다. 분홍빛, 보랏빛 세상으로 가득한 호텔의 모습을 가만히 보다 보면 어느 곳에 있을 법한 비밀스러운 호텔을 계속해서 상상하게 된다.

로맨틱 홀리데이
낸시 마이어스 | 2006

"송년을 여기서 못 보낼 이유가 없어요. 데이트 신청은 아니었지만 날 사랑한다고 했잖아요? 그러니 이제 우리 데이트해요. 당신만 좋다면."

LA에서 잘 나가는 영화 예고편 제작사 사장인 아만다와 영국의 작은 오두막에서 살며 회사를 다니는 평범한 아이리스는 우연히 '홈 익스체인지 Home Exchange' 휴가에 대해서 알게 된다. 모르는 사람과 일정 기간 동안 집을 바꿔 생활하는 것이다. LA의 호화스러운 집과 영국의 고요하고 아늑한 오두막 집의 모습을 번갈아 보며 서로 다른 삶의 패턴을 가늠할 수 있다. 특정 공간 안에서 벌어지는 각자의 휴가가 어떻게 다른지는 결국 그 공간의 차이에서 오기도 한다. 장작불 앞에서 코코아에 마시멜로우를 넣어 먹고, 시원한 수영장에서 원하는 때 언제든 수영을 하는 다른 삶이 거기에 있다.

아가씨
박찬욱 | 2016

"얘 왜 이럴까? 왜 이렇게 쿵쾅거리면서 제가 화났다는 걸 표시 내고, 자다가도 별떡 일어나서 한숨쉬고, 백작하고 마주칠 때마다 숙희의 눈은 이렇게 말하는 것 같다. '당신 싫어요.'"

히데코는 어릴 적 부모를 잃은 뒤 후견인인 이모부의 엄격한 보호 아래서 살아간다. 백작이 추천한 새로운 하녀, 숙희가 찾아오면서 그들의 관계에는 낯설고도 애틋한 감정이 솟아난다. 일제 강점기를 배경으로 이야기가 진행되는 만큼 히데코의 방과 숙희가 향하는 장소, 서로 마주보는 공간까지 주변과 소품이 시대상을 잘 말해준다. 히데코가 이모부의 폭력 아래 음란서적을 낭독하던 서재 또한 백작들이 히데코의 낭독을 감상할 수 있는 관전형 구조로 되어 있어 히데코가 오랜 시간 남성에게 폭력을 당해왔다는 사실을 알 수 있다. 인물 간 서사와 관계를 그대로 드러내는 공간적 배경을 곳곳에서 찾아내게 된다.

타이타닉
제임스 카메론 | 1997

"그는 나를 구하고 내 영혼의 자유를 구했어요."

우연한 기회로 타이타닉호 티켓을 얻은 잭은 1등실에 승선한 로즈에게 한눈에 반하게 된다. 진실하고 솔직한 사랑을 꿈꾸던 그녀 또한 잭과 함께하면서 생애 처음으로 자유롭고 편안한 감정을 경험하게 된다. 배 안에서 시작해서 배 안에서 끝이 나는 영화인 만큼 온통 선상의 모습만 보인다. 푸른 바다 위에서 하늘을 나는 듯한 제스처를 하며 서로를 느끼는 장면은 잭과 로즈 모두 온갖 속박과 사회적 억압에서 벗어나 진정한 자유를 누리고 있다는 것을 알게 된다. 하지만 배 안에서도 계층의 차이가 그대로 드러나는데, 고급스러운 가구와 호화로운 조명이 가득한 1등실과 달리 아래층은 비좁고, 시끄럽고, 어둡다.

피아노 맨

빌리 조엘 | 피아노 맨

"He says, Son, can you play me a memory? I'm not really sure how it goes. But it's sad and it's sweet and I knew it complete when I wore a younger man's clothes.(그가 말했지. "젊은이, 내 기억을 연주해줄 수 있겠나? 사실 기억은 잘 안 나네. 조금 더 젊을 적엔 생생히 알고 있었는데. 참 슬프고 달콤한 일이지.)"

빌리 조엘의 단호하고도 애절한 목소리를 들으면, 술집 안으로 모여든 사람들의 사연을 조용히 듣고 있을 어느 피아노 맨이 떠오른다. 그들의 각기 다른 이야기를 들으면서 자신의 피아노로 사람들을 위로했을 조용하고 어두운 술집 말이다. 크고 작은, 서로 다른 방향의 상처가 곳곳에 묻어났을.

소녀와 가로등

장덕 | 골든앨범

"창밖에 가로등불은 내 마음을 알고 있을까. 괜시리 슬퍼지는 이밤에 창밖 한 가로등만이 소녀를 달래주네요, 조용한 이밤에. 슬픔에 지친 소녀를 살며시 달래주네요."

영화나 드라마를 보면 분위기를 고조시키는 건축물이 하나씩 등장한다. 이야기에서 큰 비중을 차지하지는 않더라도 감정을 이끌어내거나 분위기를 자아내는 데 중요한 역할을 한다. 이를테면 소녀의 외로움을 나타내는, 밤중에 홀로 서 있는 가로등 같은. '소녀와 가로등' 속에 등장하는 가로등은 소녀의 슬픈 마음을 달래주는 유일한 매개체다. 노래 안에 등장하는 건축물로 서사의 이해가 더 쉬워진다.

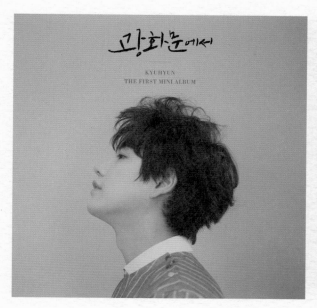

광화문에서
규현 | 광화문에서

"오늘 여긴 그 때처럼 아름다우니 괜히 바보처럼 이 자리에 서 있는 거야. 비가 내리면 흠뻑 젖으며 오지 않는 너를 기다려. 나는 행복했어. 광화문 이 길을 다시 한번 뒤돌아 봐. 네가 서 있을까 봐."

광화문엔 다양한 이야기가 모여든다. 각자 다른 사정을 광화문에 가면 두고 오는 것일지도 모르겠다. 광화문엔 많은 건축물이 있다. 알록달록한 고깔 모양의 조형물, 청계천과 긴 다리, 키가 높고 낮은 건물들, 오래된 미술관과 고궁과 같은. 다른 길이의 시간을 보낸 것들이 한데 모여있으니 오묘한 분위기가 맴돈다. 지나간 시간에게 안녕을 고할 수 있을까. 아마 광화문에서는 가능할 것이다. 부디.

시티 오브 스타
라이언 고슬링 | 라라랜드

"City of stars, are you shining just for me? City of stars, there's so much that I can't see. Who knows I felt it from the first embrace I shared with you. That now, our dreams, They've finally come true. (별들의 도시, 당신은 나를 위해 빛나고 있나요? 별들의 도시, 제가 볼 수 없는 게 무척 많죠. 당신과의 첫 포옹에서 그걸 느꼈다는 걸 누가 알까요? 바로 지금, 우리의 꿈이, 마침내 이루어지고 있어요.)"

도시 자체를 건축으로 볼 수 있다면, 라라랜드의 환상적인 야경은 좀처럼 잊히지가 않는다. 영화 내내, 그리고 끝나고 나서도 라라랜드 곳곳에서 드러나는 아름다운 풍광이 몹시 매력적으로 다가온다.

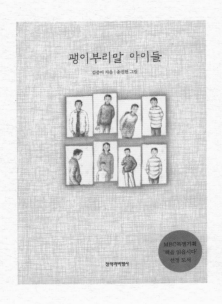

괭이부리말 아이들
김중미 | 창작과비평사

"괭이부리말은 어디선가 떠밀려 온 사람들의 마을이 되었다. 오게 된 까닭은 모두 달랐지만 가난하고 힘없는 사람들이라는 공통점 때문에 동네 사람들은 서로 형제처럼 지냈다. 고향을 떠난 사람들은 새로운 땅에서 새로운 사람들과 새 보금자리를 만들어 갔다."

쌍둥이인 숙자와 숙희 자매를 중심으로 가난과 결핍이 곳곳으로 퍼져나간 달동네의 이야기를 담은 소설이다. 누군가의 아버지는 돈을 벌어오겠다는 말만 남기고 돌아오지 않고, 또 누군가의 어머니는 치료비가 없어 암으로 세상을 떠난다. 술주정꾼인 아버지는 공사장에서 사고로 처참한 죽음을 맞이한다. 마치 세상의 불운을 모두 모은 것처럼 보인다. 하지만 그럼에도 삶 속에 희미하게나마 비치는 희망과 연민, 사랑과 다독임을 서로 나눈다. '괭이부리말'은 '괭이부리마을'이라고 인천 만석동의 달동네를 부르던 별칭이기도 하다. 소설 속 마을과 동네의 운치, 허름하지만 정겨운 전경을 상상하면서 읽으면 더 마음에 와 닿는 장면이 많을 것이다.

모모
미하엘 엔데 | 비룡소

"얘, 모모야. 때론 우리 앞에 아주 긴 도로가 있어. 너무 길어. 도저히 해 낼 수 없을 것 같아. 그러면 서두르게 되지. 그리고 점점 더 빨리 서두르는 거야. (중략) 한꺼번에 도로 전체를 생각해서는 안돼, 알겠니? 다음에 딛게 될 걸음, 다음에 쉬게 될 호흡, 다음에 하게 될 비질만 생각해야 하는 거야. 계속해서 바로 다음 일만 생각해야 하는 거야. 그게 중요한 거야. 한 걸음 한 걸음 나가다 보면 어느새 그 긴 길을 다 쓸었다는 것을 깨닫게 되지."

어린 소녀 모모에게 어느 날부터인가 이상하고도 흥미로운 일이 벌어지기 시작했다. 시간 도둑들에게 맞서 도둑맞은 시간을 인간에게 찾아주려는 모모. 이탈리아의 작은 도시, 회색 사나이들이 조용히 지배하는 곳에서 어디서 왔는지 모를, 모모라는 아이가 나타난다. 모모는 타인의 이야기를 조용히 경청하면서 인간에게 주어진 풍요로운 시간이 얼마나 아름답고 소중한 것인지 깨닫게 한다. 모모가 휘젓고 다니는 도심의 모습과 회색 사나이들이 오가는 공간을 상상하다 보면 어느덧 이탈리아의 이름 모르는 곳에 가 있는 것 같은 기분이 든다. 그 도시 안에서 벌어지는 일들이 조용히 다가온다.

파리의 아파트
기욤 뮈소 | 밝은세상

'고독을 가까이 하면 두 가지 이익이 따른다. 하나는 자기 자신만 상대하면 된다는 것이고, 다른 하나는 타인을 상대하지 않아도 된다는 것이다.'

기욤 뮈소의 스릴러 《파리의 아파트》. 전직 형사 매들린과 극작가 가스파르는 어쩔 수 없이 파리의 한 아파트에서 원치 않은 동거를 하게 된다. 천재 화가 숀 로렌츠가 살던 집에는 여전히 그의 습관과 자취가 그대로 남아 있다. 그 집의 법적 상속인은 그들에게 화가의 납치된 아들과 사망 직전 그가 그린 석 점의 그림이 사라진 이야기를 전한다. 하나의 공간을 두고 성격이 전혀 다른 두 인물이 하나의 이야기를 이끌어가는 속도에 집중할 수밖에 없다. 아파트 안에서 나누는 대화, 그곳에 남겨진 화가의 사연을 유추해가는 재미도 크다. 둘을 연결하는 매개체이기도 하면서 유일한 증거이기도 한 공간. 그 공간에 숨겨진 비밀이 드러난다.

다빈치 코드
댄 브라운 | 문학수첩

"레이경 오직 그럴 가치가 있는 사람만이 성배를 찾아냅니다. 당신이 내게 그걸 가르쳐 주었지요."

루브르 박물관장 소니에르의 살해 사건으로 이야기는 시작된다. 암호해독관인 소피는 할아버지 소니에르가 자신만이 알아차릴 수 있는 암호를 남겼다는 것을 깨닫는다. 소피가 종교기호학자 랭던과 함께 다빈치의 그림에 담긴 암호를 하나씩 풀어나가는 동안, 기독교에 묻혀진 암흑의 역사가 하나둘 서서히 드러나기 시작한다. 교묘하게 숨겨진 암호는 유럽의 성당과 성채를 넘나들면서 이어지고, 그 주변으로 뒤얽힌 진실공방이 사람들의 호기심을 자극한다. 우리에게 친근하고 가까운 작품들과 건축물이 등장하여 이야기를 읽는 내내 머릿속에 수많은 배경과 장소가 흩어졌다 사라진다.

Book shelf chest

삼층사방탁자

어느 선비가 주문한 물건이었을까. 18세기 조선의 고가구를 원형으로 만들어진 삼
층탁자를 거실 한편에 놓아두고, 폭과 높이와 비례를 머릿속에 그려보았을 양반님과,
주문에 따라 나무를 켜고 다듬었을 목수의 손길과, 그 유산을 꼼꼼한 기록으로 남긴
학자의 심미안과, 21세기에 재현된 이 가구가 지닐 앞으로의 생에 대해 생각해본다.

글·사진 김희선

여백을
규정하는 사물

사방이 뚫려 있고 가느다란 골재와 층널로만 구성된 가구를 사방탁자라 부른다. 거실 한쪽에 호젓이 서 있는 나의 사방탁자는 가장 아래 1층을 막고 여닫이문을 단 구조다. 서랍이 없는 대신 면 분할에 비중을 두었으며 과장된 장석을 피하는 사랑방 가구의 특징이 반영되어 있다. 충분히 튼튼한 가구지만 많은 물건을 무겁게 올려두거나 빼곡히 보관하진 않는다. 지금 나에게 가장 귀한 것, 그중에서도 소담하고 단정한 것 두 가지를 각각 2층과 3층에 놓아둔다. 1층에는 편지들을 깊이 넣어두고 자물쇠를 걸어놓았다. 집 안 곳곳에 이런저런 살림살이가 쌓여가는 와중에도 사방탁자 위만큼은 호젓한 여백을 간직하는 걸 보면, 사물의 형태에 내재된 사용법, 물건 스스로가 요구하는 태도라는 것이 존재하며 그 암시의 힘이 작지 않음을 알게 된다. 아마 조선시대 선비들도 같은 맥락에서 사방탁자를 사용했을 것이다. 서책 중에서도 아끼는 몇 점, 검소하면서도 안목이 드러나는 기물을 숙고하여 두는 자리. 좌식생활을 기반으로 하는 사랑방 가구 대부분은 낮고 수평적이었기에 수직으로 서 있는 사방탁자의 존재감, 그 위에 놓인 물건의 의미는 훨씬 컸으리라. 가끔은 둥실 떠 있는 것처럼 느껴지는 이 가구의 간결한 구조와 소박한 선, 정교한 비례, 재료의 조화는 그 자체로 몹시 아름답다. 그리고 여백으로 남겨야 하는 공간을 정확히 구획하여, 놓인 사물과 시선이 오롯이 만나게 하는 기능을 정확히 수행한다.

사방에서 **살펴보기**

사방탁자를 비롯한 조선시대 목가구에는 당시 주택 구조의 특성과 생활 양식이 반영되어 있다. 가옥 구조를 보면 겨울에 웃풍의 영향을 줄이기 위해 천장을 낮게 하고, 방의 폭과 길이를 제한하여 불을 지피는 아랫목과 윗목의 온도 차를 줄였다. 조선시대 건축 규격인 '한칸'은 기둥과 기둥 사이의 거리로, 궁이 3미터, 사대부가가 2.4미터, 민가는 1.8미터로 모듈화되어 있었다. 가구의 치수도 여기에 토대를 두었으며 천장 높이, 창 높이, 앉은키 등을 고려하여 대체로 낮고 아담하게 설계되었다. 낮은 다리를 달아 온돌 바닥의 열기가 통풍되게 만들고, 앉은키에서 뚫린 밑부분이 적게 보이도록 풍혈을 두었다. 여름과 겨울, 기온 차가 큰 환경에서 목재의 수축과 팽창에 대응하는 구조적 복안 또한 담겨 있다. 이 사방탁자의 경우 판재인 오동나무를 틀이 되는 참죽나무 골재에 홈을 파고 끼워 넣었는데 그 안에 여유를 두어 판재의 변화를 수용할 수 있게 했다. 정교한 제작을 위한 기술과 솜씨는 장인의 것이지만 가구를 발주하고 사용하는 주체의 관심과 역할 또한 적지 않았다. 선비들은 청빈검약의 덕목을 실천하면서도 각자의 안목과 취향을 드러내는 방법을 고심했다. 화려한 조각이나 칠, 금속 장석은 속된 것으로 여겨졌기에 목리(나뭇결)의 아름다움과 쾌적한 비례에 중점을 두었다. 실용적인 관점에서 쓰임새를 높이기 위해 서랍을 추가하거나 칸의 수를 늘려 주문하기도 했다. 그렇게 만들어진 가구를 사랑방에 두고, 학문을 닦고 후학을 기르며 호연지기를 논했다는 선비의 삶은 너무나 아득해서 가끔은 이 사방탁자의 존재가 생경하게 느껴지기도 한다.

중요무형문화재 소목장 박명배 선생님이 지도하는 한국문화재단 공예건축학교의 소목반 수강생의 졸업작으로, 《한국 전통목가구》에 수록된 설계대로 제작하였다. 《한국 전통목가구》는 저자인 박영규 용인대 명예교수님이 1977년부터 3년간 《공간》지에 목가구의 실측도면과 상세 설명을 연재한 것을 모아 출간한 《한국의 목가구》를 개정 증보한 책이다. 전통 목가구의 정확한 실측도면, 상세 부분 사진, 사례 연구, 짜임과 이음에 대한 분석 등을 담고 있는 자료로는 지금까지도 유일무이한 귀한 저서인데다 목재와 목공구 등 실무적인 내용 외에도 당시의 주택 구조와 가구 배치 등을 보는 즐거움이 빼곡히 담겨 있다.

빈 자리를 품은 건축

평론가 부부의 책갈피

"세상의 모든 창은 누군가 살다간 흔적을 담고 있다. 세상을 떠난 누군가를 이야기하는 일은, 그가 살다간 집의 창문에 대해 이야기하는 일과 다르지 않다. 아니다, 두 이야기는 다르다. 그가 살다간 집의 창문에 대한 이야기를 하는 일은 떠난 그와 남겨진 사람의 이야기를 동시에 품고 있으니까. 그러므로 이렇게 말할 수도 있을까. 세상의 모든 창은 슬픔을 예정한 건축양식이라고."

글 김나영, 송종원 사진 이자연

가장 잘 아는 건축물

건축이라는 단어를 들으면 당장에 떠오르는 것은 유서 깊은 건축물이나, 현대의 기발한 건물을 만드는 유명한 건축 디자이너다. 빅벤, 엠파이어스테이트 빌딩, 오페라 하우스, 그리고 피사의 사탑이나 피라미드 등. 예술 작품이라 할 만한 세계의 유명 건축물, 그리고 그 건축물을 설계한 사람들. 이런 연상 작용에는 실상 고유명사로서의 무미건조한 이름만 나열될 뿐이다. 이미지와 영상으로 자주 접해서, 한 번 가보지 않고도 어떻게 생겼는지, 어디에 있는지 잘 알지만, 과연 우리는 그것들을 '잘 알고 있다'고 말할 수 있을까. 건축은 건물을 쌓아 올리는 행위를 의미하고, 따라서 건물을 설계하거나 축조하는 일에 직접 가담하지 않는 대부분의 사람들에게 건축은 완성된 건물의 형태로만 실감나게 존재한다(물론 현대의 도시는 매일 매 순간 건물을 짓고 부수는 일을 반복하며, 현재진행형인 건축의 형태를 항상 전시하고 있는 곳이긴 하지만). 내게도 건축을 상상하는 일은 지금껏 내가 경험한 건물을 통해서만 가능하다. 건물은 이 세계 어딘가에 휘황찬란하게 존재하는 예술 작품이 아니라 바로 지금 내가 몸담고 있는 공간이다. 노트북과 커피 한 잔과 자잘한 소지품을 올려둘 수 있는 내 몫의 테이블, 이것과 똑같이 생긴 테이블이 여러 개 놓인 이 카페와 같은 곳이야말로 내가 말할 수 있는 건물의 실체다.

최소한 내가 몸담고 있는 곳이라고 했으나, 더 구체적으로 말하자면 건물은 내 일상이 꾸려낸 공간이라고 할 수 있지 않을까. 우리 각자에게 건물은 집과 직장, 학교와 은행, 카페와 편의점으로 이름 붙일 수 있는 곳이 아니라, 내가 삶을 지속하는 데 필요한 것들을 취하기 위해 오가는 동선에 배치된 장소들의 묶음이다. 건물은 저마다가 건축한 일상인 것이다. 그렇다면 건물은 물리적인 공간에 국한되지 않고, 채우고 쌓고 비우고 다시 채우는 시간이 장소화된 곳이라고도 말할 수 있지 않을까. 또한 그렇다면, 우리는 지금도 저마다 자신의 삶을 건축하고 있다고도 할 수 있을 것 같다. 무엇에 시간을 쓰는 일이 곧 방을 만들고 복도를 잇고 출입문과 창문을 내는 일과 같다는 상상은 카페 한구석에 가만히 앉아서도 일종의 자유를 누리게 한다. 이 글이 곧 내가 좋아하는 곳으로 이어지므로.

가장 좋아하는 건축물

미술관에 가는 걸 좋아한다. 자주는 아니지만 여행지에서 종종 찾던 게 계기가 되어 언젠가부터는 여유가 생기면 가볼 만한 미술관을 일부러 찾아보기도 한다. 작품 관람도 즐겁긴 하지만 나는 그것보다는 미술관 자체에 매료돼 있다. 모든 미술관이 그렇진 않겠지만, 내가 가본 미술관의 대부분은 건물 가운데가 하늘을 향해 열려 있었다. 위에서 내려다봤을 때 ㅁ자 모양을 한 것이다. 이런 공간은 통유리로 감싸여 있어서 건물의 모든 층에서 바깥을 볼 수 있도록 하는 동시에 마치 '공간' 자체를 전시하는 느낌도 주는데, 나는 그게 참 좋았다. 미술관이라는 건물의 용도상, 내부에 창이 없는 여러 개의 방을 만들어야 하므로 건물 안에 빛이 들게 하려면 그 방식이 유용하기 때문이라 추측된다. 방과 방을 연결하는 복도 가운데, 유리로 둘러싸인 가장 밝은, 말하자면 '허공의 방'이 딱 하나 놓여 있다. 그건 마치 미술관의 심장 같다.

그곳에는 물이 얕게 고여 있거나, 빛을 반사해 보는 각도에 따라 다른 인상을 주는 소재로 만든 작품이 놓여 있거나, 간혹 돌과 식물, 때로는 물고기가 살고 있다. 최소한의 빛과 소리로만 채워진 내부에서 '관람'하는 그 외부는 유리로 차단된 동시에 안팎을 통하게 한다. 그곳은 빛이 모든 것을 통하게 하는 매개라는 것을 확인하게 하는 장소가 되어, 여기서 '보는 것'에 대한 색다른 경험과 영감을 얻은 관람객이라면 관람실 안의 조명이 안내하는 바를 좀더 잘 이해하게 되고, 그렇게 만난 작품들과 비로소 소통하게 되기도 한다.

그 모든 것이 무너지지 않도록

김중혁의 소설에서 건물이나 건물에 관한 소재를 발견하는 일은 어렵지 않다. 적어도 그의 소설을 따라 읽은 독자라면 그 소설 속 인물들이야말로 현실과 비현실의 경계라고 불릴 만한, 현실을 현실로 유지하게 하는 어떤 예민한 테두리를 감지하고 있다는 것을 알 수 있다. 아래에 인용한 단편뿐만 아니라, 같은 작품집에 실린 〈유리의 도시〉에서는 알 수 없는 이유로 고층 건물의 거대한 유리창이 추락해서 길을 걷던 무고한 시민들이 시도 때도 없이 죽거나 다치는 일이 발생한다. 이 소설에 관해서는 좀더 설명이 필요하겠지만, 주목할 만한 것은 역시나 '유리'라는 소재다. 도시의 모든 건물에 장착되어, 그곳에 있는지도 모르게 어디에나 있는 유리는 순진하게 건물의 안팎을 통하게 하며 미지의 장소란 없다고 말하는 듯 보이지만, 우리의 현실을 이루는 그 가장자리는 사소한 충격에도 쉽게 깨지고 산산조각 나버린다.

저는 늘 계단을 이용합니다. 오층이든 십층이든 언제나 계단으로 올라갑니다. 처음에는 운동을 목적으로 시작했지만 이제는 계단을 밟지 않으면 마음이 불안합니다. 계단을 올라가고 내려갈 때마다 저는 늘 층을 알리는 작은 표지판을 봅니다. 표지판은 층과 층 사이에 있습니다. 일층과 이층 사이, 이층과 삼층 사이, 삼층과 사층 사이…… 저는 그 표지판들을 볼 때마다 우리의 처지 같다는 생각을 하곤 합니다. 특히 숫자와 숫자 사이에 있는 슬래시 기호(/)를 볼 때마다 우리의 처지가 딱 저렇구나 하는 생각을 합니다. 사람들은 각자의 층에서 행복하게 살고 있지만 우리는 언제나 끼어 있는 사람들입니다. 이곳도 저곳도 아닌, 그저 사이에 있는 사람들입니다. 지하 일층과 일층 사이, 일층과 이층, 이층과 삼층, 층과 층 사이에 우리들이 살고 있습니다. 하지만 우리는 기억해야 합니다. 슬래시가 없어진다면 사람들은 엄청난 혼란을 겪을 것입니다. 우리는 아주 미미하지만 꼭 필요한 존재들인 것입니다. 누군가 저의 직업을 물어본다면 저는 자랑스럽게 슬래시 매니저Slash Manager라고 대답할 것입니다. 여러분도 여러분의 직업을 자랑스럽게 얘기하시길 바랍니다.

– 김중혁, 〈1F/B1〉 중에서

이 소설은 '건물관리자'의 관점에서 쓰인다. 거대한 도시를 이루고 있는 크고 작은 건물들, 그 건물들의 건물관리자들은 누구보다도 그 건물 자체를 잘 이해하는 존재다. 이 소설을 읽고 나면 누군가는 이렇게 거꾸로도 생각해보게 된다. 건물관리자는 건물을 통제하고, 크고 작은 건물들은 한 도시를 이루고, 그렇다면 어떤 거대한 도시도 결국 건물관리자에 의해 통제될 수도 있다고 말이다. 이런 상상은 현실적으로 '없는 사람' 취급받기 일쑤인 관리자들의 처지를 생각할 때 지극한 역설이 되지만, 때로는 그런 비현실적인 생각과 말이 현실을 지탱하는 중요한 요소일 수도 있다. 인용한 부분에서 건물관리자는 자신의 처지를 '슬래시 매니저'에 비유한다. 현실적으로는 없는 곳이지만, 현실을 현실로 공고히 지탱하기 위해 반드시 필요한 자리에 그들은 있다. 아니, 그들이 스스로를 슬래시에 있게 해서, 현실 역시 있을 수 있는 것이다. 어떤 건축물도, 그 누구의 현실에도 없는 것으로 존재하는 것이 있기에 그것은 무너지지 않는다

달빛이 창을 두드리다

어느덧 밖에는 눈발이라도 치는지, 펄펄 함박눈이라도 흩날리는지, 창호지 문살에 돋는 월훈月暈.
– 박용래, 〈월훈月暈〉 중에서

내가 처음 살던 집에는 유리창이 없었다. 대신 창호지를 바른 문과 창문이 있었다. 어린 시절 나는 할머니
와 방을 같이 썼다. 할머니랑 같이 살다 보니 생활하는 시간대도 할머니와 같았다. 10시 이전에 잠이 들
어 새벽 4시에서 5시 사이에 일어났다. 그 방에 대한 기억을 불러일으키는 소재는 여럿인데, 제일 먼저
떠오르는 것은 호박씨다. 늦가을쯤의 할머니는 내가 새벽에 잠이 깨 무엇을 할 줄 몰라 두리번거리고 있
으면 방 한편에 말려놓은 호박씨를 깨물어 알맹이를 빼서 내 입에 넣어주시고는 했다. 어린 나는 그것을
받아먹으며 달면서도 고소한 아침을 맞았다. 얼마 전 우연히 호프집에서 안주로 나온 호박씨를 먹다가 갑
자기 아홉 살 가을 무렵의 새벽으로 돌아간 적이 있다. 할머니가 내 옆에 누워 호박씨를 받아먹는 모습을
흐뭇하게 바라보고 있는 것만 같았다. 나는 찡해진 코끝을 잡고 아홉 살짜리의 표정을 지었던가.
또 생각나는 것은 푸른빛이다. 창호지에 스며드는 여명의 빛은 묘했다. 봄과 여름 사이 빛이 스밀 때면 창
호지가 팽팽해지는 소리가 들리는 것도 같았다. 나는 그 소리가 아침이 오는 소리라고 여겼고 녹색이 오
는 소리라고도 생각했다. 아침이 되어 문을 열면 정말 녹색의 식물들이 마당 한쪽에 쑥쑥 올라와 있었다.
창호지를 뜯어 입에 물면 푸른 잎의 맛이 날 것도 같았다. 여름이면 푸른 창호에는 종종 비 그림자가 드리
워지기도 했다. 처마 끝에서 떨어지는 빗방울이 화선지에 지나는 묵처럼 짧게 방문에 비추었다. 달그림자
를 비추던 날도 있었던가. 그런 기억은 없다. 대신에 나는 창호지에 비치던 할머니의 그림자를 기억한다.
마실을 다녀오던 밤의 할머니의 그림자는 어느 때보다 크고 따뜻했다. 할머니는 언제나 밤이 깊기 전에
돌아와서 나를 안심시켜주는 사람이었다. 나는 초등학교 3학년까지 할머니를 붙잡고 잠이 들었다. 그런
데 할머니가 영영 돌아오지 않는 밤도 있었다. 그 방은 할머니가 생전에 마지막으로 살던 방이었다. 할머
니가 돌아가신 후 두 계절이 지나지 않아 우리 가족은 이사를 했다.
얼마 전 부모님이 이사한 새 아파트에 놀러 간 날 샷시의 유리창을 손으로 두드려보다가 할머니와 살던
그 방의 창호지를 손으로 두드려본 기억을 떠올린 적이 있다. 유리창의 둔탁한 음은 창호지의 청명한 음
과 참 달랐다. 창호지가 빛뿐 아니라 소리를 다루는 건축 자재였다는 생각이 새삼 들었다. 나는 〈월훈〉을
쓴 박용래 시인이 달무리를 말하기 전에 숨겨놓은 구절이 있을 거라고 추측한다. 아마도 시인이 달의 그
림자보다 먼저 느낀 것은 달빛이 문을 두드리는 소리였을 것이다. 그 소리에 고개를 돌리니 거기 달이 스
미고 있었을 것이다. 창호지를 쓰는 시절, 달빛이 문을 두드린다는 말이 단지 문학적 비유가 아니라 실제
사실에 가깝지 않았을까.

슬픔의 건축술

내가 가장 훔치고 싶은 재주는 어둠을 차곡차곡 쌓아올리는, 저녁의 오래된 기술. // 불현듯 네 방 창에 불이 들어와, 어둠의 벽돌 한장이 차갑게 깨져도 / 허물어지지 않는 밤의 건축술. // 검은 물속에 숨어 오래 숨을 참는 사람처럼, // 내가 가진 재주는 어둠이 깨진 자리에 정확한 크기로 박히는, 슬픔의 오래된 습관.

- 신용목, 〈공터에서 먼 창〉 중에서

지금 살고 있는 빌라 단지에 이사 온 지 3년쯤 되었다. 겨울밤을 제외하면 저녁 시간에 아내와 산책을 하는 일이 종종 있었다. 그때마다 집 안의 빛을 쏟아내거나 밤의 어둠을 찍어내는 유리창들에 유독 눈이 갔다. 저녁밥 냄새가 솔솔 흘러나오는 불빛도 있었고, 어딘가 차가운 빛을 발산하는 집도 있었다. 당연히 불이 꺼진 집도 있었는데, 어떤 집은 늘 빛이 없어 어둠이 그곳에 들어와 박혀 있다고 상상한 적도 있다. 지금 사는 곳으로 이사를 오기까지 결정적인 역할을 한 친구가 있다. 단지를 돌다 그 친구네 집 창이 보이면 올라가 문을 두드릴까 말까 고민한 순간도 많았다. 고민만 하다 그 친구네 집 베란다에 널린 빨래 중에 바지가 몇 개이고 수건이 몇 개인지만 세다 집으로 향하는 날엔 꿈속에서 술을 마시곤 했다.

그 친구의 특기 중 하나는 돌 쌓기다. 몇 년 전 여름 우리 집과 그 친구네 집이 같이 제주에 놀러 간 적이 있는데, 친구는 해변에 닿을 때면 늘 검은 현무암을 차곡차곡 쌓아 올리는 재주를 보여주었다. 자신의 키보다 높이 돌을 쌓아 보이고는 자신에게 그런 재주가 있는 줄 본인도 처음 알았다며 흰 이를 드러내고 크게 웃음 지었다. 나는 그 기술이 친구와 참 어울린다고 생각했다. 그 돌탑이 그의 시와 꼭 닮았기 때문이다. 무거운 돌을 하나하나 쌓아 올려서 자신보다 커다란 사람의 모습을 시 속에 새겨넣는 일은 시인으로서 그가 잘하는 일 중 하나였다. 그 커다란 사람은 한 사람이 아니라 여러 명의 모습을 하고 찾아왔다. 어느 때는 그의 아버지가 시에 드러날 때도 있었고, 또 어느 때는 그가 사랑하는 사람의 모습이 시 속에 보일 때도 있었다. 때때로 자기 몫의 삶을 열과 성을 다해 살다간 수많은 사람들의 모습이 커다란 노을의 형상으로 그려질 때도 있었다. 무거운 것을 균형을 맞추어 차곡차곡 쌓는 일이 유행이 지난 일처럼 취급받을 때도 그는 흔들림 없이 그 일을 자신이 꼭 해내야만 하는 일처럼 했다.

친구는 지금 그 집에 살지 않는다. 지난 계절에 천장이 높고 다락이 있는 예쁜 집으로 이사를 했다. 나는 농반진반으로 왜 나를 이 동네에 이사 오게 해놓고 멀리 도망갔느냐고 따져 물은 적이 있다. 몇 번을 웃어넘기며 답을 회피하던 그가 어느 날 늦은 술자리에서 슬며시 속내를 비쳤다. 그 집은 아버지가 생의 마지막에 투병 생활을 하시는 동안 살다간 곳이라고 했다. 한밤중에 가끔씩 잠이 깰 때면 아버지 생각이 부쩍 났다고도 했다. 십 년 전쯤 세상을 뜬 아버지가 어느 날 자신의 집으로 돌아와 집 밖으로 나가실 생각을 하지 않는 것 같다고도 했던가. 그러고 보니 몇 년 전부터 그가 불면증으로 힘들다는 말을 자주 하던 것이 기억났다.

세상의 모든 창은 누군가 살다간 흔적을 담고 있다. 세상을 떠난 누군가를 이야기하는 일은, 그가 살다간 집의 창문에 대해 이야기하는 일과 다르지 않다. 아니다, 두 이야기는 다르다. 그가 살다간 집의 창문에 대한 이야기를 하는 일은 떠난 그와 남겨진 사람의 이야기를 동시에 품고 있으니까. 그러므로 이렇게 말할 수도 있을까. 세상의 모든 창은 슬픔을 예정한 건축양식이라고.

MAKE YOUR MARK

A HOTEL FOR CREATIVE ORIGINALS
NOW OPEN IN HONGDAE

RYSE
AUTOGRAPH COLLECTION®
HOTELS

서울특별시 마포구
양화로 130 라이즈 호텔

WWW.RYSEHOTEL.COM
@RYSE_HOTEL
#RYSEHONGDAE

HELLO, PEERS!

반달
김소희 | 만만한책방

김소희 작가의 자전적 성장 이야기가 담긴 이 만화는 과장도 판타지도 유머도 없다. 전반적으로 조용하게 흘러가는 이야기에 이유 모를 울컥함을 느끼게 된다. 누군가의 비밀일기를 들여다 본다면 이런 기분일까.

H. facebook.com/manmanbooks

그녀 이름은
조남주 | 다산책방

《82년 김지영》으로 우리나라를 뜨겁게 달구었던 조남주 작가는 지영이 곁으로 스쳐 지나가버린, 차마 다 하지 못한 '그녀'들의 이야기를 다시 펼치기 시작했다. 잊어버린 이름을 부르고, 기억나지 않는 목소리를 되찾는 이야기들이 차근히 쌓여간다.

H. dasanbooks.com

2018 제9회 젊은작가상 수상작품집
박민정 외 6인 | 문학동네

등단한 지 10년 이하, 우리는 그들을 '젊은 작가'라고 부른다. 올해 어떤 작가들이 우리에게 신선한 언어를 선물할까. 숨겨진 이야기를 이해해 나가는 것은 독자들의 몫이다. 이 책에는 글을 쓴 사람과 글을 읽는 사람, 모두 있다.

H. munhak.com

진작 할 걸 그랬어
김소영 | 위즈덤하우스

그녀는 방송국을 그만 두고 일본 도쿄로 훌쩍 떠났다. 여기 저기 흩어져 있는 서점에 들러 그곳의 분위기에 잔뜩 취했다. 그리고 일상으로 돌아와 작은 책방을 열었다. 책과 사람이 모여드는 공간을 위해 그녀는 무엇을 고민했을까.

H. wisdomhouse.co.kr

동강국제사진제 2018
동강사진박물관

올해로 17회를 맞이한 '동강국제사진제'는 강원도 영월의 사진박물관과 영월 일대에서 다양한 전시와 워크숍 프로그램을 진행한다. 말없이 제 자리에서 시간의 변화를 받아들이는 자연의 모습을 지켜보며 기억 속의 풍경을 찾게 된다.

A. 강원도 영월군 영월읍 영월로 1909-10
H. dgphotofestival.com
O. 2018년 6월 14일 ~ 9월 21일

심규선 단독 콘서트 '몸과 마음'
홍익대 대학로 아트센터 대극장

그녀의 목소리는 우리들이 잃어버린 새벽을 떠오르게 한다. 물을 머금은 목소리와 선율에 그대로 녹은 가사들. 혹시 심규선은 누군가 훔쳐간 마음을 되찾는 일을 하는 게 아닐까. 그녀의 새 앨범 [몸과 마음]을 가까이할 시간이다.

A. 서울시 종로구 대학로 57
H. ticket.melon.com
O. 2018년 6월 1일 ~ 6월 3일

요리스 라만 랩: Gradients
국제갤러리

네덜란드 출신 작가 '요리스 라만'은 유려한 디자인과 생동감을 3D 프린팅을 통해 디자인으로 녹여낸다. 예술이 기술과 과학을 만날 때 어떤 모습을 띠는지 그대로 보여주면서 사람들의 시선을 집중시킨다. 디자인을 통해 그와의 소리 없는 대화를 나누게 될 것이다.

A. 서울시 종로구 삼청로 54
H. kukjegallery.com
O. 2018년 5월 10일 ~ 6월 17일

Weather: 오늘, 당신의 날씨는 어떤가요?
디뮤지엄

사람들에게 가장 가까운 자연은 아마 날씨인지도 모르겠다. 흐르고 지나가는 모든 것이 그대로니까 말이다. 사람들은 날씨로부터 깊은 영향을 받아 저마다 다른 기억을 갖게 된다. 그 기억들을 그러모아 하나의 전시가 되었다.

A. 서울시 용산구 독서당로29길 5-6
H. daelimmuseum.org
O. 2018년 5월 3일 ~ 10월 28일

그림 같은 집

스누피의 집 | 발행인 송원준
찰리 브라운의 반려견 스누피의 집은 아주 작다. 하지만 보기와는 달리 안으로 들어서면 엄청나게 넓고 아늑한 공간이 나온다. 마치 땅굴을 판 것처럼 말이다. 반전이 있는 매력적인 집이다. 낮에는 지붕 위에 누워 일광욕도 즐길 수 있다.

우리 집이면 어디든 좋아 | 편집장 김이경
어릴 적, 그러니깐 부모님과 함께 살 때는 집이란 밥 먹고 잠을 자는 곳이라 생각했다. 주말이면 어디든 나가고 싶었고, 집에 머무르고 싶지 않았다. 외부보다는 내부, 또 그보다는 내 물건들이 중요하다. 혼자 살 때부터는 집안 가득 내가 좋아하는 것으로 채웠다. 이런 우리 집이라면 나는 어디든 좋다.

정원과 차고가 있는 2층 집 | 마케터 조수진
나의 이상적인 집은 정원과 차고가 있는 2층 주택이다. 정원에는 아이들과 골든래트리버 한 마리가 스프링클러에서 나오는 물을 맞으며 해맑게 뛰어논다. 나는 2층 테라스에 앉아 남편과 함께 커피를 마시며 정원에서 뛰노는 아이들을 흐뭇하게 바라본다. 가끔 친구들을 초대해 바비큐 파티를 열기도 한다. 정원 옆 차고에는 SUV 한 대와 스포츠카 한 대가 세워져 있는데 잘 타지는 않는다.

떡잎마을 짱구네 | 마케터 신규헌
어릴 적부터 빨간 지붕의 2층 단독주택에 살고 싶은 로망이 있었다. 마당에는 강아지가 뛰어놀고(우리 하니는 잠만 잘 것 같지만…), 마루에 앉아 사계절 다른 하늘을 가족과 함께 볼 수 있으면 더할 나위 없을 텐데. 그러니까 결론은 떡잎마을 짱구네 집에서 살아보고 싶다구!

개미집 | 에디터 김건태
초등학생이던 나는 문방구에서 개미와 흙으로 가득 찬 유리 상자를 하나 샀다. '개미의 집 관찰'이라는 숙제 때문이었다. 개미는 반복적이고 성실한 태도로 굴을 팠다. 유리 벽 너머로 몇 개의 동그란 방이 생겼다. 방을 잇는 기다란 길은 혈관, 그 사이를 메우는 까만 개미의 행렬은 콜레스테롤 같았다. 마치 우리 몸속과 닮은, 완벽하게 기이하고 균형적인 구조였다.

테오도르의 공허한 집 | 에디터 김혜원
도시가 좋아서인지 전원적인 풍경의 집은 사실 잘 떠오르지 않는다. 나에게 이상적인 집이라면 생활의 편리함을 모두 갖추고 있고 인테리어는 단순하고 넓은 창이 있으며(중요), 창밖으로는 도시 풍경이 아름답게 보이는 집이다. 예를 들면 영화 〈그녀〉 속 테오도르의 집처럼 말이다.

바다와 모래사장이 두른 | 에디터 정혜미
바다를 참 좋아한다. 정확히 말하면 모래사장이 있는 바닷가를. 그래서 파도가 이는 바닷가의 저 언덕 모래사장 위에 크지도 작지도 않은 집을 지어 살고 싶다고 계속 생각했다. 영화 〈프렌즈 위드 베네핏〉에 이런 집이 나온다. 거실을 지나면 바로 통 유리문을 통해 모래사장, 그리고 바다와 연결되는 집. 배경이 LA였는데, 마흔두 살에는 그 부근 비슷한 집에서 살고 싶다. 하와이도 괜찮겠다.

벨에포크 | 에디터 이자연
드라마 〈청춘시대〉에 등장한 벨에포크는 다섯 명의 여자가 함께 어울렁더울렁 살아가는 곳이다. 타인과 함께 사는 삶이란 어떨까. 작은 것에 분노하고 억지로 그 사람에게 맞추고 무심한 말에 상처를 받을 것이다. 하지만 평범한 일상을 나누고, 걱정하고, 위로받기도 한다. '사랑'의 어원이 '삶'이라고 했더랬지. 삶은 결국 살아가는 것. 같이 사는 만큼, 그들은 서로를 진정으로 사랑하겠지. 나도 끼워서 같이 사랑해줘! (그리고 나는 '은'이 쓰던 독방 쓰게 해줘!)

햇살 가득한 엘리오의 집 | 디자이너 윤원정
여름을 늘 기다린다. 〈콜 미 바이 유어 네임〉에서 엘리오와 올리버가 만나던 여름날, 이탈리아 시골 마을의 그 집은 둘의 사랑 이야기만큼 설레게 아름다웠다. 집안 가득 바삭거리며 쏟아지는 햇살과 그늘에 가만히 누워있으면 꽃향기 가득 시원한 바람에 언제든 기분 좋을 것 같다. 그래도 더울 땐 언제든 첨벙거리며 쉴 수 있는 수영장이 있고 저녁이면 친구들과 수다 떨며 맛있는 음식을 나눌 수 있는, 그런 엘리오의 집을 꿈꾼다.

도로시아의 셰어하우스 | 디자이너 최인애
〈우리의 20세기〉에 나오는 도로시아의 셰어하우스에 살고 싶다. 단순한 형태의 물건들과 단색의 컬러로 이루어진 인테리어가 마음에 들고 도로시아와 제이미가 함께 주식을 보는 테이블도 마음에 든다.

befree *advanced*

Travel Beyond

- 진정한 여행의 동반자 -

M-Lock 테크놀로지로
안전하고 빠른 세팅

새로운 494 볼헤드로
부드럽고 즉각적인 움직임

여행용으로 적합한
40cm의 크기

MKBFRTA4BK-BH Befree Advanced Aluminium Travel Tripod twist, ball head

Photo by Dave Krugman

여행의 정석, 따라야 할 규칙, 지침, 정해진 스타일 등은 잊어버리십시오.
당신의 새로운 시각과 경험을 넓힐 수 있는 진정한 여행의 동반자,
Befree Advanced와 함께하세요.

Manfrotto
Imagine More

VOL.01 VOL.02 VOL.03 VOL.04 VOL.05 VOL.06 VOL.07 VOL.08 VOL.09 VOL.10

VOL.11 VOL.12 VOL.13 VOL.14 VOL.15 VOL.16 VOL.17 VOL.18 VOL.19 VOL.20

VOL.21 VOL.22 VOL.23 VOL.24 VOL.25 VOL.26 VOL.27 VOL.28 VOL.29 VOL.30

VOL.31 VOL.32 VOL.33 VOL.34 VOL.35 VOL.36 VOL.37 VOL.38 VOL.39 VOL.40

VOL.41 VOL.42 VOL.43 VOL.44 VOL.45 VOL.46 VOL.47 VOL.48 VOL.49 VOL.50

VOL.51 VOL.52 VOL.53 VOL.54 VOL.55 VOL.56 VOL.57 VOL.58

정기구독 안내
어라운드는 월간지로 발행됩니다.
정기구독 신청자에게는 할인 혜택과 함께
매달 배지를 선물로 드립니다.

1년 정기구독 총 11권(7·8월 합본호)
148,500원(10%할인)
aroundstore.kr

광고문의 ad@a-round.kr │ 070 8650 6378
구독문의 magazine@a-round.kr │ 070 8650 6375
기타문의 around@a-round.kr │ 070 8650 6378
어라운드빌리지 around@a-round.kr │ 070 8638 6214

MAGAZINE a-round.kr
STORE aroundstore.kr
INSTAGRAM instagram.com/aroundmagazine
instagram.com/aroundmagazine.eng
FACEBOOK facebook.com/around.play
FILM vimeo.com/around